I0008734

Ruby e Rails

Un'introduzione guidata

Seconda Edizione

di Alessio Saltarin

© 2012-2016 Alessio Saltarin. Tutti i diritti riservati.
Edizioni CreateSpace.com
ISBN 978-1468192629

Seconda Edizione

Sommario

PREFAZIONE

Quando avevo undici anni una rivista diede una svolta alla mia vita. C'era l'annuncio di una strana scatola nera – il *Sinclair ZX81* - che diceva qualcosa tipo: "*Una nuova, rivoluzionaria tecnologia vi mette a disposizione il computer personale!*" Quelle parole evocavano nella mia mente un universo di possibilità e infiniti nuovi giochi.

All'epoca quelle strane macchinette non erano in grado di fare nulla; erano meravigliosamente inutili. Lo dico per chi non le ha provate: tutto quello che mettevano a disposizione dell'utente era un computer, piccolo ma vero, e un linguaggio di programmazione. Non esisteva la domanda: "Cosa ci faccio con questo oggetto?" I fogli elettronici erano appena stati inventati, ma la maggior parte delle persone non ne sentiva affatto la mancanza, le macchine da scrivere erano molto più affidabili dei *word processor* e i videogame erano allo stadio "sala giochi" – Atari aveva appena rilasciato il suo "Frogger".

"*Cosa ci faccio con un computer?*" Una domanda affascinante, perché se la risposta immediata può essere "niente", come dice il filosofo, niente è la cosa più simile a tutto. In teoria, e nella realtà della mia mente da undicenne, con un computer potevi davvero fare tutto. Non solo, eri tu a poter dire alla macchina che cosa volevi che questa facesse per te.

L'anno seguente mi feci regalare il mio primo *personal computer*: era un Commodore Vic20. Per quanto incredibile possa sembrare ora, veniva venduto senza memoria di massa: ogni cosa che si programmava spariva quando lo si spegneva! Non c'erano stampanti: mi ricordo che i miei primi listati li segnavo su un quadernetto. Esistevano poi in edicola delle riviste che pubblicavano i listati di nuovi programmi e nuovi giochi: occorreva mettersi lì e inserirli digitandoli a mano! E poi modificarli... e questo mi iniziò alla difficile e oscura arte della programmazione dei computer, ciò che mi avrebbe permesso di realizzare il mio sogno: riuscire a dire alla macchina che cosa fare.

Oggi quei giorni sembrano lontani anni luce. Sul mio portatile ho un processore a otto core con oltre un terabyte di hard disk e un visore LCD con colori brillanti che si accendono in più di un milione e mezzo di pixel. Anche il modo di programmare i computer è cambiato: allora avevamo a disposizione solamente il Basic e l'Assembler, oggi, come vedremo, possiamo passare da un super ottimizzato C++ agli interpreti ad alto livello come appunto è Ruby.

Gli anni sono passati, ma la mia passione per la programmazione dei computer non si è mai raffreddata. È stata un hobby mentre ero un ragazzino, poi si è trasformata in un lavoro – un lavoro che farei anche gratis per puro divertimento, *ma non diciamolo a chi mi paga lo stipendio!*

Questo è un libro sulla programmazione in Ruby. Però è anche un libro che vorrei possa dare una risposta alla domanda: "*Come posso far fare al computer quello che ho in mente?*", perché Ruby è un ottimo linguaggio di programmazione "all-purpose", con cui si può realizzare ogni tipo di programma - anche se non proprio "tutti", come vedremo in seguito.

Inoltre, questo libro non vuole minimamente essere una guida completa a Ruby o a Rails: per questo il lettore potrà trovare in Rete ottimi supporti, a partire dai siti ufficiali di Ruby e di Rails che contengono documentazione davvero esaustiva. Viceversa, l'idea dietro questo libro è quella di accompagnare il lettore, che abbia almeno una leggera infarinatura su cosa sia un linguaggio di programmazione e sappia, ad esempio, utilizzare un editor o installare un ambiente di sviluppo, a conoscere ed utilizzare gradualmente il linguaggio Ruby, ad apprezzarne le caratteristiche ed infine ad utilizzarlo insieme al *web framework* Rails.

Infatti Ruby, con Rails, è uno strumento eccellente per sviluppare applicazioni Web complesse. Oggi la gran parte del software viene sviluppato per essere fruibile attraverso Internet e attraverso un web browser, saltando a piè pari tutti i problemi legati all'installazione, alla portabilità e all'aggiornamento dell'applicazione stessa.

Se sarò riuscito a trasmettere anche solo una piccola parte della mia passione per la programmazione dei computer e per Ruby in particolare, saprò che questo libro non sarà "ancora un altro libro su Ruby".

PREFAZIONE ALLA SECONDA EDIZIONE

Scrivere un libro che parla di tecnologia informatica e sperare che duri nel tempo è una pia illusione. Le tecnologie di cui tratta si sono aggiornate e sono cambiate, in particolare con l'uscita della seconda major release di Ruby e questo libro, in alcune sue parti, ha bisogno di essere oggi riveduto e corretto.

La versione 2.0 di Ruby include alcuni cambiamenti rivoluzionari, soprattutto per quanto riguarda l'elemento da sempre considerato di debolezza di Ruby, cioè la sua relativa lentezza, specie se paragonato ad altri linguaggi di scripting come *Python, Javascript* e *Perl*. Questa seconda edizione vede tutto il codice aggiornato alla versione 2.2 di Ruby, e mantiene una compatibilità con tutte le versioni di Ruby 2.x.

In questi anni si è sempre più affermata la programmazione funzionale. Ruby è stato, in questo senso, un precursore; tutti i maggiori linguaggi di sviluppo, come *Java* e *C#*, sono stati aggiornati inglobando sintassi di programmazione funzionale. Questa seconda edizione amplia notevolmente la parte dedicata a questo paradigma di programmazione, includendo nuovi esempi e spiegazioni.

Ruby on Rails rimane, decisamente, uno dei framework di sviluppo Web più apprezzati e utilizzati. Ha subìto, però, alcune importanti modifiche, nell'ottica di una sempre maggiore facilità di utilizzo. Nel tempo trascorso tra la prima edizione e questa, Rails ha vinto la battaglia della standardizzazione: ora praticamente ogni Web Framework di successo implementa i concetti che lo hanno imposto all'attenzione del mondo: l'applicazione del modello *Model-View-Controller*, la visualizzazione delle modifiche in fase di sviluppo senza dover ricompilare, e le Convenzioni al posto di Configurazioni - *Convention over Configuration*. Oggi, in sostanza, ogni Web Framework implementa quelle caratteristiche che resero Rails il primo nella sua classe, un caso unico che ha fatto scuola.

Rispetto alla prima edizione del libro, la presente ha una diversità importante per quanto riguarda lo sviluppo di applicazioni di esempio in Rails: non tratterò più dello "scaffolding". Lo "scaffolding" è una possibilità offerta da Rails che permette di generare un sito a partire da una struttura dati esistente su un database. La comunità degli sviluppatori Rails ha piano piano abbandonato questa possibilità, relegandola a mera opzione per alcuni casi particolari. Esistono alcuni motivi che giustificano questa scelta il cui principale è che, data la grande diversità di motori di archiviazione dei dati, è sconsigliabile progettare un sito partendo dalla sua base dati. È molto più facile partire dalle classi e dagli oggetti che descrivono la soluzione applicativa, di cui i dati rappresentano soltanto una parte. Se un progetto parte dai dati, il risultato è che molte scelte saranno legate alla particolare struttura dati scelta - si pensi ad esempio alle relazioni uno a molti nei database relazionali - e sarà difficile operare cambiamenti nel codice perché questo risulta legato a doppio filo alla struttura dati. Inoltre, un'applicazione che parte dai dati ben difficilmente sarà portabile: ad esempio verso un altro motore di database, oppure verso un'altra tecnica di serializzazione, usando sempre per esempio un motore dati gerarchico piuttosto che relazionale, piuttosto che embedded.

Sempre in tema di applicazioni d'esempio in Rails, ho tralasciato una parte che era dedicata alla applicazione di tecniche di stile in HTML e CSS: mi è sembrato infatti più consono approfondire le parti di codice backend in Rails, piuttosto che fornire pagine e pagine di codice HTML che aveva il solo scopo di rendere il sito d'esempio un po' più bello. Il lettore capirà e, se interessato, potrà approfondire l'argomento del design di un sito Web moderno, facendo affidamento su testi appositi.

Oltre a questi cambiamenti, tutti gli esempi e i problemi proposti sono stati rivisti, arricchiti e attualizzati.

CODICE SORGENTE

Tutto il codice sorgente presente in questo libro è disponibile su Internet si può raggiungere al seguente indirizzo:

```
https://github.com/guildenstern70/rubyerails
```

L'applicazione Rails di esempio 'Biblioteca' si può scaricare da:

```
https://github.com/guildenstern70/biblioteca
```

L'applicazione del Tutorial 'GuestBook' si può trovare qui:

```
https://github.com/guildenstern70/rubyguestbook
```

Nel libro, il codice sorgente eseguibile con un interprete Ruby è scritto usando questo stile:

```
#!/bin/env ruby
# encoding: utf-8

print 'Immettere un raggio: '
raggio_stringa = gets
raggio = raggio_stringa.to_f
area = raggio * raggio * Math::PI
puts "L'area del cerchio di raggio #{raggio} è #{area}"
```

Per tutti i listati di questo libro, anche se non esplicitamente scritto, consiglio di inserire in testa le prime due righe. La prima, che si chiama 'shebang', dice al sistema operativo che lo script contenuto nel file può essere eseguito con Ruby – perciò sui sistemi operativi *Unix*, tipo *Linux* o *MacOs*, si può marcare il file come direttamente eseguibile. La seconda dice che nello script che segue si deve usare una decodifica dei caratteri di tipo Unicode (utf-8). Se non si mette questa linea nel file, quando l'interprete trova un carattere non-ASCII, come ad esempio una lettera accentata italiana, risponde sollevando l'eccezione:

```
invalid multibyte char (US-ASCII) (SyntaxError)
```

FONDAMENTI DI RUBY

1. Linguaggi interpretati e compilati

Esistono fondamentalmente due tipologie di linguaggi di programmazione per computer: i linguaggi interpretati e i linguaggi compilati.

Nei primi, i linguaggi interpretati, il documento contenente le linee di codice sorgente viene eseguito linea per linea da un programma che traduce il codice in linguaggio macchina, che si chiama interprete. L'interprete è un eseguibile, cioè un programma direttamente riconosciuto dal sistema operativo, mentre il programma da noi scritto è un file di testo, che contiene una serie di comandi.

Nei secondi, i linguaggi compilati, il codice sorgente viene trasformato da file di testo a eseguibile, in modo da poter essere direttamente eseguito dal sistema operativo. Il programma che esegue la trasformazione è detto compilatore. L'eseguibile, detto anche codice macchina, è un file binario che contiene direttamente le istruzioni per la CPU, e non ha bisogno di alcun programma esterno per essere eseguito.

Esistono anche linguaggi, come Java o C#, che sono ibridi rispetto alle due soluzioni viste sopra: esiste un compilatore che trasforma il file di testo in un metalinguaggio di basso livello che però non è ancora codice macchina. Questo metalinguaggio viene poi eseguito da un apposito interprete. Ad esempio, un codice sorgente in Java viene compilato nel linguaggio di basso livello *Java bytecode* e poi eseguito dall'interprete di bytecode, che per inciso è il file *java.exe*.

Ruby è un linguaggio interpretato, o come si dice alternativamente, è un linguaggio di scripting, perchè il codice sorgente di un programma in Ruby è uno script, vale a dire un file di testo che contiene istruzioni direttamente eseguibili.

2. Cenni di programmazione orientata agli oggetti

Esistono diversi paradigmi di programmazione. I più famosi sono:

- la programmazione imperativa o procedurale (PP)
- la programmazione orientata agli oggetti (OOP)
- la programmazione funzionale (FP)

Nella PP, i comandi sono dati in serie o in blocchi. Ad esempio:

```
10. Prendi la variabile X
20. Assegna a X il numero 5
30. Moltiplica X per la somma di 5 e di 3
40. Stampa X a video
```

In questo programma, scritto in un linguaggio inventato, le azioni si susseguono in modo seriale.

Nella programmazione orientata agli oggetti, invece, i comandi non vengono dati in serie. Piuttosto, un numero di oggetti viene creato a run-time, e si stabilisce come gli oggetti debbano parlare tra di loro, vale a dire i messaggi che questi oggetti si possono scambiare.

Gli oggetti sono suddivisi in classi, e le classi possono avere tra di loro relazioni di parentela.

Ad esempio:

```
La classe AUTOMOBILI
La classe PILOTI
Il messaggio GUIDARE
L'oggetto Alessio della classe PILOTI "guida"
una Panda, oggetto della classe AUTOMOBILI
```

In questo esempio, scritto in un linguaggio inventato, creaiamo la classe AUTOMOBILI, poi creiamo la classe PILOTI e diciamo che la seconda può scambiare il messaggio "GUIDARE" con la prima, infine creiamo una istanza della classe Piloti, che si chiama Alessio – l'istanza di una classe è detta "oggetto" – e che scambia il messaggio "guida" con un'istanza della classe Automobili, la Panda.

Nella programmazione orientata agli oggetti la progettazione delle classi e delle loro possibili relazioni è fondamentale. In particolare abbiamo due tipi di relazione fra oggetti:

```
La relazione IS-A
La relazione HAS-A
```

Due oggetti hanno tra loro una relazione IS-A quando uno appartiene ad una sottoclasse dell'altro. Infatti la relazione IS-A si può esprimere in italiano come "è un", "è una".

Vediamo qualche esempio di relazione IS-A:

```
Una ZEBRA è un MAMMIFERO
Una MOTOCICLETTA è un MEZZO DI TRASPORTO
Una STRINGA è un TIPO DI DATO
Un FIORE è un VEGETALE
```

La relazione HAS-A stabilisce invece un rapporto di appartenenza tra oggetti, e si può tradurre in italiano con "ha un", "ha uno", "ha alcuni", "ha dei". Una classe di oggetti può "avere" al proprio interno quanti altri oggetti è necessario. Qualche esempio ci può aiutare:

```
Un'AUTOMOBILE ha un CAMBIO
Una PAROLA ha dei CARATTERI
Un FIORE ha dei PETALI
Un TELEFONO ha una TASTIERA e UNA CORNETTA
```

Chiaramente, nel disegnare una soluzione orientata agli oggetti, possiamo stabilire relazioni di qualsiasi tipo con qualsiasi profondità: ad esempio, un oggetto di classe A può avere (HAS-A) un oggetto di classe B, il quale può essere (IS-A) come un oggetto di classe C e avere un oggetto di classe D e uno di classe E. Così all'infinito.

Le classi definiscono metodi e proprietà. Ogni oggetto appartenente ad una classe, ha i metodi e le proprietà che quella classe definisce. I metodi rispondono alla domanda: "cosa fa" la classe, le proprietà sono invece attributi della classe. Ad esempio:

```
La classe BAMBINO ha le proprietà

    Nome

    Cognome

e i metodi

    Gioca

    Impara
```

Normalmente, le proprietà sono definite da sostantivi, e i metodi da verbi, poiché le proprietà sono attributi dell'oggetto, e i metodi sono le azioni (dette altrimenti comportamenti) che l'oggetto può compiere.

Le classi possono scambiarsi dei "messaggi". Tecnicamente questi sono i parametri che si scambiano i metodi delle classi stesse e i loro valori di ritorno. Ad esempio:

```
La classe CERCHIO si scambia il messaggio
CalcolaArea con la classe LATO.
La classe MAMMIFERO si scambia il messaggio GeneraFigli con se stessa.
```

L'oggetto, come dicevamo in precedenza, è l'istanza di una classe. Ad esempio:

```
Martina, oggetto della classe BAMBINA
PacMan, oggetto della classe VIDEOGIOCHI
BMW 520i, oggetto della classe AUTOMOBILI BMW
```

Un programma definisce le classi e gli oggetti che il programma avrà a run-time.

Ruby è un linguaggio che, pur supportando la tradizionale programmazione strutturale, supporta pienamente la programmazione orientata agli oggetti.

3. Cenni di programmazione funzionale

La **programmazione funzionale** è un paradigma di programmazione per cui il flusso di esecuzione del programma assume la forma di una serie di valutazioni di funzioni, ad esempio funzioni matematiche. Il punto di forza principale di questo paradigma è la mancanza di *effetti collaterali*, il che comporta una più facile verifica della correttezza e della mancanza di bug del programma e la possibilità di una maggiore ottimizzazione dello stesso. Se scrivessimo un programma in un linguaggio puramente funzionale, e avessimo cura di non permettere alcuna interazione del programma con l'esterno – ad esempio attraverso un'interfaccia utente, noi avremmo un programma che, una volta compilato, non potrebbe avere alcun bug, cioè sarebbe del tutto esente da comportamenti imprevisti (*side-effects*).

La programmazione funzionale pone maggior accento sulla definizione di funzioni, rispetto ai paradigmi procedurali e imperativi, che invece prediligono la specifica di una sequenza di comandi da eseguire. In questi ultimi, i valori vengono calcolati cambiando lo stato del programma attraverso delle assegnazioni; un programma funzionale, invece, è immutabile: i valori non vengono trovati cambiando lo stato del programma, ma costruendo nuovi stati a partire dai precedenti.

Inoltre, si riconosce alla programmazione funzionale la capacità di assegnare a un codice sorgente esistente la possibilità di essere eseguito in modi nuovi e non previsti originariamente. Ciò viene messo in pratica fornendo al linguaggio di programmazione funzionale la capacità di accettare, come parametro di metodi o di funzioni, altrettanti metodi e funzioni. Questa capacità è detta "mappatura" o "delega".

Oggi, il paradigma di sviluppo a oggetti è di gran lunga il paradigma più applicato, specie in ambito aziendale. Occorre notare, tuttavia, che la programmazione funzionale, ampiamente supportata da tutti i maggiori linguaggi di programmazione, è ancora relegata ad un ruolo minoritario.

Ruby è un linguaggio che, pur non essendo puramente funzionale, supporta certe pratiche della programmazione funzionale, e incoraggia fortemente la scrittura di codice sorgente con aspetti *funzionali*.

4. Ruby, Rails, Ruby On Rails

Ruby è un linguaggio di programmazione nato nel 1993 come progetto personale del giapponese Yukihiro Matsumoto - spesso chiamato semplicemente *Matz*. È stato il primo linguaggio di programmazione sviluppato in oriente a guadagnare abbastanza popolarità da superare la barriera linguistica che separa l'informatica nipponica da quella internazionale e ad essere usato anche in occidente in progetti di rilievo. Il linguaggio che ha maggiormente ispirato l'autore è sicuramente lo Smalltalk, da cui Ruby ha tratto la maggior parte delle sue caratteristiche. A seguire ci sono il Lisp (ed in generale i linguaggi funzionali), da cui provengono le *closures* (blocchi o *proc*, in Ruby), e il Perl, per la sintassi e l'espressività.

MRI – Matz's Ruby Implementation È la principale implementazione di Ruby. Si tratta di un interprete che genera ed esegue linguaggio macchina. L'interprete è scritto in C, per cui a volte si chiama CRuby. Esistono tante altre implementazioni di Ruby, di cui parleremo più avanti. In questo libro, se non specificato altrimenti, intendiamo con Ruby il linguaggio, mentre diamo per scontato che eseguiremo codice Ruby in ambiente MRI.

Rails è un framework *open source* sviluppato principalmente dalla Web Company americana *37Signals* (ora nota con il nome del suo prodotto principale, *Basecamp*). Viene utilizzato per modellare e generare applicazioni Web basate sui dati. Rails è scritto in Ruby, e i suoi obiettivi sono la semplicità e la possibilità di sviluppare applicazioni di concreto interesse con meno codice rispetto ad altri framework. Il tutto con necessità di configurazione minimale.

Rails è stato uno dei primi framework per lo sviluppo Web a obbligare lo sviluppatore ad adottare un approccio di organizzazione del codice di tipo MVC (Model-View-Controller), cioè con ambiti di azione e responsabilità ben definiti e separati tra l'interfaccia grafica, il modello dei dati e la logica di business. Avremo modo comunque di approfondire nel primo capitolo dedicato a Rails.

Ruby On Rails (*Ruby sulle rotaie*) è un sinonimo di Rails per sottolineare come quest'ultimo sia interamente scritto in Ruby e modificabile attraverso l'uso di Ruby.

Questo libro si intitola *Ruby e Ruby On Rails* perché, prima di poter studiare Rails, dovremo imparare a padroneggiare Ruby, poiché Rails non solo è scritto in Ruby, ma presuppone una conoscenza approfondita di quest'ultimo.

5. Ruby su Windows

Per cominciare a usare Ruby occorre installarlo. Se utilizzate Linux andate al paragrafo successivo. Se invece utilizzate Windows potete seguire queste istruzioni.

La procedura di installazione per Windows è molto semplice e consiste di un solo file di setup, che si può trovare a questo indirizzo Internet:

```
http://rubyinstaller.org/
```

Scegliere il setup RubyInstaller più recente, con una versione possibilmente maggiore della 1.9, effettuare il download e poi installare.

Dopo l'installazione vi troverete ad avere i seguenti componenti, che vedremo nel dettaglio in seguito:

- L'interprete Ruby
- Le librerie Ruby di default
- *fxri - Instant Ruby Enlightment* - un ottimo browser per la documentazione in linea
- *SciTe* - Un buon text editor per scrivere programmi in Ruby e in altri linguaggi

SciTe è un editor molto semplice, utile per cominciare. Per un utilizzo più estensivo è però consigliabile usare un editor più completo. Per Windows, ad esempio, possiamo scegliere l'ottimo *Sublime Text*, oppure ancora *UltraEdit*, oppure ancora il ben noto freeware *Notepad++*

```
SUBLIME TEXT:  http://www.sublimetext.com/
ULTRAEDIT: http://www.ultraedit.com/
NOTEPAD++:  http://notepad-plus-plus.org/
```

Esistono anche degli IDE – Integrated Development Environment, che supportano lo sviluppo in Ruby, tra cui il più completo è, secondo chi scrive, Jetbrains Ruby Mine. In generale, per lo sviluppo di applicazioni web, con Rails, è decisamente più comodo utilizzare un IDE invece che un semplice editor. Merita una menzione anche il completo Aptana Studio 3, che a differenza di Ruby Mine è gratuito.

```
JETBRAINS RUBY MINE -  https://www.jetbrains.com/ruby/
APTANA STUDIO 3 - http://www.aptana.com
```

Nota Bene: La versione di Ruby utilizzata per la stesura di questo libro è la 2.2.3, anche se generalmente il codice esempio si compila con qualsiasi versione di Ruby successiva alla 2.0.

Per questioni di compatibilità con alcune Gem Ruby, è fortemente consigliato installare il Ruby Dev Kit, che solitamente si trova nello stesso sito di installazione di Ruby. Questo package installa un compilatore C/C++ Open Source che serve per compilare quelle librerie Ruby che contengono codice nativo, sotto forma di codice sorgente C oppure C++ da compilare. Le istruzioni per installare il DevKit si trovano qui:

```
https://github.com/oneclick/rubyinstaller/wiki/Development-Kit
```

6. Ruby su Linux

L'installazione di Ruby su Linux dipende fortemente dal tipo di distribuzione di Linux utilizzata, e comunque presuppone una buona conoscenza dell'ambiente operativo Linux.

Sulle distribuzioni Ubuntu e Debian potremo utilizzare il gestore di pacchetti APT, o *aptitude* oppure *Synaptic* per configurare il tutto.

Nella maggior parte dei casi, è sufficiente installare il pacchetto:

*   Ruby-full

Come editor di testo potremo utilizzare quelli integrati nelle distribuzioni dell'ambiente grafico di X, così ad esempio, *gedit o Geany* su *Gnome*, oppure *Kate* su *KDE*. Entrambi supportanto il *syntax coloring* per Ruby in modo nativo.

È possibile, volendo, scaricare i sorgenti di Ruby e compilarli e quindi installarli sulla nostra macchina. La procedura, solo per esperti, è la seguente:

Ad esempio, per quanto riguarda la v.1.9.3, scaricare l'archivio di Ruby da *ftp://ftp.ruby-lang.org/pub/ruby/1.9* quindi eseguire:

```
gunzip ruby-1.9.3.tar.gz
tar xfv ruby-1.9.3.tar.gz
cd ruby-1.9.3
sudo ./configure && make && make install
```

7. Ruby sul Mac

L'interprete di Ruby esiste di default su qualsiasi versione di Ma-cOS X. Dall'apparizione di questa versione del sistema operativo Apple, il Mac è diventato un'ottima piattaforma di sviluppo software. Occorre però personalizzarla. Per farlo dobbiamo installare un package manager come ce ne sono su Linux. Il migliore è senz'altro HomeBrew. Lo installiamo usando appunto Ruby:

```
ruby -e "$(curl -fsSL
https://raw.githubusercontent.com/Homebrew/install/master/install)"
```

Useremo *rbenv* per installare l'ambiente di sviluppo Ruby: questo tool ci permette di installare una particolare versione di Ruby che non interferisce con altre installazioni di Ruby sulla macchina, come ad esempio la versione di default del sistema operativo. Se avessimo bisogno di usare due o più versioni di Ruby, ad esempio la 1.9.3 e la 2.2.3, rbenv è lo strumento che ci permette di gestire al meglio questa configurazione multiple.

Perciò come prima cosa installiamo rbenv con HomeBrew:

```
brew update
brew install rbenv ruby-build
```

Ora scegliamo una versione di Ruby maggiore della 2, ad esempio la 2.2.3, e la installiamo con:

```
rbenv install 2.2.3
```

Se desiderate che questa specifica versione di Ruby diventi la versione di Ruby in uso globalmente, dovete per prima cosa assicurarvi di avere rbenv in PATH, ad esempio aggiungendo queste linee al vostro *bash_profile*, che si trova nella vostra home directory:

```
if which rbenv > /dev/null; then eval "$(rbenv init -)"; fi
export PATH ="$HOME/.rbenv/bin:$PATH"
```

A questo punto per avere l'ultima versione di Ruby disponibile globalmente darete il comando:

```
rbenv global 2.2.3
```

8. *Ciao Mondo!* in Ruby

A questo punto dovremmo essere riusciti a configurare una postazione per lo sviluppo di nuovi programmi in Ruby.

Apriamo l'editor di testo e inseriamo il codice sorgente qua sotto. Per ora non importa se comprendiamo bene cosa stiamo scrivendo, lo vedremo nel corso dei prossimi capitoli.

```
class Salutatore
  def initialize(name)
    @name = name.capitalize
  end
  def saluta
    puts "Ciao #{@name}\n"
  end
end
salutiObj = Salutatore.new('Alessio')
salutiObj.saluta
```

Questo che abbiamo inserito è uno *script in Ruby*. Per eseguirlo dobbiamo salvarlo come file Ruby, cioè scegliendo *Salva Come...* (*Save As...*) dal menù dell'editor e dandogli come nome, per esempio, *Salutatore.rb*.

.rb è l'estensione dei file sorgente in Ruby.

Per eseguirlo dobbiamo invocare l'interprete Ruby, e passargli come parametro il nome del file che contiene il codice sorgente appena salvato. In Windows apriremo un *prompt dei comandi*, cambieremo (cd) nella directory dove abbiamo salvato il nostro Salutatore.rb e daremo questo comando:

```
> ruby Salutatore.rb
```

In Windows, potremo anche solamente clickare sull'icona Salutatore.rb.

In Linux, oltre a invocare direttamente l'interprete di Ruby come abbiamo fatto per Windows, potremmo anche inserire come prima riga del codice di Salutatore.rb una linea come questa:

```
#!/usr/bin/env ruby
```

Questo comando, che in gergo informatico si chiama Shabang, *viene eseguito dalla shell di Linux e invoca come interprete il programma indicato. In questo caso andremo a farci dire da Linux dove effettivamente è salvato Ruby prima di poterlo invocare. Se salviamo Salutatore.rb e gli diamo i permessi di esecuzione, potremo richiamarlo direttamente dalla linea di comando, senza cioè specificare*

```
'ruby': > ./Salutatore.rb
```

9. Implementazioni di Ruby

Esiste una fondamentale differenza tra il linguaggio Ruby, quello di cui parliamo in questa prima sezione del libro, e la sua particolare implementazione. Come abbiamo visto in precedenza, normalmente codice Ruby viene eseguito dal suo interprete scritto in C, detto MRI oppure CRuby.

Esistono però anche altre implementazioni di Ruby, che vengono adattate per essere eseguite su diverse piattaforme. Le più importanti di queste hanno una rilevanza notevole per chi sviluppa in strutture aziendali, per cui molto spesso ci si ritrova a dover scrivere software per Oracle Java o Microsoft .NET.

La buona notizia è che esistono versioni per ognuna di queste piattaforme. In particolare:

- **JRuby** (http://jruby.org/)
  JRuby è un'implementazione 100% Java di Ruby. L'interprete è scritto in Java e, in prima istanza, il codice sorgente JRuby

viene trasformato in bytecode Java permettendo quindi l'interazione tra codice Java esistente e codice in Ruby. Il principale vantaggio di JRuby rispetto a MRI è che, essendo il codice eseguito da una Java VM, questa implementa un vero threading, e ogni thread può essere eseguito in parallelo. In MRI, per motivi intrinseci all'implementazione dell'interprete, la cui spiegazione esula dagli scopi di questo libro, i thread vengono eseguiti serialmente.

- **Iron Ruby** (http://ironruby.net/)
  Questa implementazione è un interprete Ruby che compila in MSIL bytecode e lo esegue. Tuttavia, nel package esiste un interessante RubyCompiler che trasforma il codice Ruby in assembly .NET, permettendo così l'interoperabilità con il codice .NET esistente. Esiste anche un pacchetto per l'integrazione di Iron Ruby con Microsoft Visual Studio. Iron Ruby può richiamare direttamente qualsiasi metodo della libreria del .NET Framework.

- **Rubinius** (http://rubini.us/)
  È un'implementazione mirata alla velocità di esecuzione e all'uso di thread nativi su processori multi-core.

10.   Interactive Ruby Shell

La *irb*, nome sintetico della Interactive Ruby Shell, è una shell di comando che interpreta on-the-fly i comandi Ruby.

Il maggior valore aggiunto di questo strumento è quello di permettere allo sviluppatore di "provare" il codice prima di inserirlo in uno script complesso.

La *irb* mantiene in memoria i comandi passati, perciò può applicare i valori ottenuti in comandi precedenti a metodi e funzioni scritte nuovamente.

Per utilizzarla, invochiamo dalla linea di comando, irb. Si apre una nuova shell che consiste in un prompt che comincia con irb(main) seguito dal numero di linea del comando.

Si provi per esempio ad invocare la irb e inserire il seguente codice, che calcola il fattoriale di 5:

```
irb(main):001:0> n = 5
=> 5
irb(main):002:0> def fact(n)
irb(main):003:1>   if n <=
irb(main):004:2>     1
irb(main):005:2>   else
irb(main):006:2*     n * fact(n - 1)
irb(main):007:2>   end
irb(main):008:1> end
=> nil
irb(main):009:0> fact(n)
=> 120
```

La *irb* è in grado di capire se ciò che abbiamo immesso è un comando eseguibile ora, nel qual caso lo esegue, oppure se stiamo inserendo parte di una funzione, come ad esempio la linea 004 dell'esempio di cui sopra, nel qual caso ci fornisce una nuova linea di immissione con un nuovo numero (nell'esempio, 005).

11.   Rake e Gems

Tra gli strumenti più utili nell'ecosistema Ruby, ce ne sono due che meritano particolare attenzione. Si tratta di *Rake* e *RubyGems*.

Rake (https://rubygems.org/gems/rake)

Questo strumento è l'analogo di *make* per gli sviluppatori C/C++ oppure di *ant* per gli sviluppatori Java. Si tratta in sostanza di uno strumento che effettua la costruzione - make, da cui: rake - di un programma eseguibile a partire dai suoi codici sorgente. Chiaramente per gli scopi del nostro libro non è molto utile, perché avremo sempre sorgenti di uno o al massimo due file. Invece, nel caso di progetti complessi costituiti da centinaia di file sorgenti, che magari devono essere presi via ftp da server diversi, e che devono magari essere integrati in programmi compilati ed eseguibili, *rake* rappresenta la soluzione standard e più comunemente adottata. Inoltre, come vedremo più avanti quando parleremo di Rails, rake è il tool fondamentale per la creazione e la gestione degli artefatti sotto Rails, come ad esempio la creazione e la modifica di un database.

RubyGems (http://rubygems.org/)

Questo strumento – detto in breve Gem - è lo standard per localizzare una libreria o un'applicazione in Ruby, e di gestire le dipendenze di questa con altre librerie Ruby oppure utilizzatie da Ruby, ad esempio le librerie in JavaScript per Rails. Gem gestisce le dipendenze cercandole sui cataloghi pubblicati in Rete. La logica assomiglia a quella dei gestori di pacchetti per le distribuzioni Linux. Dando al comando *gem* come parametro il nome di una libreria o di un programma in Ruby, lo strumento andrà a cercarlo per noi su Internet, farà il download, e lo salverà nel nostro ambiente Ruby avendo cura di registrare, ad esempio, la collocazione dei vari file e di renderli disponibili nel path di Ruby. Gem è in grado di riconoscere le dipendenze del pacchetto che vogliamo installare e cercarle e installarle per noi.

Esercizi

1. Installare Ruby. Invocare la *irb*. Scrivere

```
puts 5*Math.sqrt(64)
```

Annotare il risultato.

[Soluzione: 40.0]

2. Con un editor di testo creare un file e nominarlo *Hello.rb*. Inserire all'interno questo codice:

```
print 'Hello World!'
```

Aprire una shell Unix, oppure un Command Prompt Windows, ed eseguire il programma.

[Soluzione: per eseguire il programma occorre digitare: ruby Hello.rb nella directory in cui è stato salvato il file.]

VARIABILI, FUNZIONI E ARRAY

1. Creare programmi in Ruby

In tanti anni di insegnamento di linguaggi di programmazione, mi ha sempre sorpreso lo scoramento dello studente alle prime armi riguardo alla vastità dei problemi che la programmazione permette di risolvere. Dopo un iniziale periodo di entusiasmo, di fronte ai primi problemi – ad esempio la necessità di scrivere un programma che esegua uno specifico compito - si getta nello smarrimento: *ma come si fa? non saprei da dove cominciare! Durante il corso non abbiamo mai visto niente del genere!* Un approccio non raro, infatti, è quello di pensare che l'insieme dei problemi risolvibili sia tutto sommato piccolo, e perciò assimilabile alle esperienze che ciascuno ha avuto in precedenza o, in alternativa, con riguardo a quello che egli è chiamato a programmare nella sua esperienza lavorativa. Perciò lo studente si aspetta che in un corso, o in un libro egli riuscirà a vedere "tutto" quello che gli serve per cominciare a lavorare - ad esempio: *mandare un'e-mail, implementare un archivio di libri, accedere a un database* e via dicendo. La verità è che questa via, seriamente, non è percorribile. Il motivo è che la classe dei problemi risolvibili con un linguaggio per computer quindi attraverso uno o più *algoritmi* è definizione infinito. Di conseguenza un libro che avesse come obiettivo quello di illustrare tutti i possibili algoritmi sarebbe un libro infinito: per di più, nuove classi di problemi nascono ogni giorno, via via che la tecnologia avanza.

Perciò all'autore rimane la possibilità di seguire due diversi approcci. Il primo, quello inseguito dai vari libri "*Diventa un programmatore in dieci minuti*", oppure "*Tutto Ruby in un giorno*", è quello di far vedere un numero limitatissimo di esempi senza dilungarsi troppo sul motivo che sta dietro alle scelte. Se l'autore sceglie questo metodo, scriverà qualcosa di utile solo se per un caso fortunato il suo libro descrive proprio il tipo di problema che il lettore deve affrontare. In questo caso, però, è molto più semplice ed economico, se si dispone di un collegamento a Internet, cercare un codice sorgente già pronto con una bella ricerca su Google.

Il secondo approccio è quello di scrivere un libro che ha come obiettivo quello di rendere il lettore autonomo e in grado da solo di risolvere un problema di programmazione con Ruby, quale che sia. In altre parole, di dare al lettore gli strumenti teorici per risolvere virtualmente ogni problema di programmazione che egli possa incontrare nella sua carriera - aggiungerei, ogni problema risolvibile con Ruby. Infatti, Ruby non è un linguaggio di programmazione completo, come lo è Assembler, ad esempio, ed esiste una classe di problemi, piccola per fortuna, che non è affrontabile solamente con Ruby.

In particolare, l'obiettivo principale di questo libro è quello di permettere al lettore di "leggere" codice Ruby capendo cosa accade in ogni sezione e quali sono i vari elementi del codice sorgente. Solo in un secondo momento sarà possibile accedere alle risorse di documentazione che si trovano in Rete o online in modo tale da poter scrivere i propri programmi. Chiaramente, l'accesso alla documentazione non basta: occorre anche conoscere le regole di Ruby e avere esperienza su come si scrivono i programmi - esperienza che si acquisisce "leggendo" molto codice sorgente, e in questo caso, sì, Google è molto utile!

Non è un caso che io abbia scritto che lo scopo è accedere alla documentazione e non scrivere programmi! Le due cose infatti, non sono scindibili: non è possibile scrivere programmi di una qualche utilità basandosi sul linguaggio e basta. Occorrerà sempre utilizzare le librerie, almeno quelle di base, e richiamarle di volta in volta nel nostro codice sorgente.

Una volta che si conosceranno le regole base del linguaggio, le strutture dati, la programmazione a oggetti e funzionale, sarà possibile utilizzare la documentazione allo scopo di far fare al computer esattamente il compito che ci eravamo ripromessi di fargli fare - scopo, che, tra l'altro, è quello degli esercizi in calce a ogni capitolo.

Per cercare nella documentazione è però necessario conoscerla. Non dico a memoria, ma avere un'idea della sua ampiezza e dei "titoli" delle varie librerie disponibili. Questa lettura si può fare scorrendo la documentazione in linea di Ruby, oppure andando sul sito http://www.ruby-doc.org/core/.

Una volta che si abbia sufficiente padronanza del linguaggio e si abbia un'idea di cosa cercare, la ricerca nella documentazione può essere fatta seguendo uno di questi approcci:

1. Cercando i metodi o le classi direttamente su Google con una ricerca tipo *"ruby class: String"*
2. Utilizzando l'*enlightment Ruby*: *ri* oppure *fxri* (e digitando il nome della classe nell'apposita textbox)
3. Andando a cercare nella documentazione in linea di Ruby (su Windows è il file di help *RubyBook*)

4. Navigando sul sito di documentazione di Ruby:
http://www.ruby-doc.org/core

2. Linguaggi non tipizzati

Come la maggior parte dei linguaggi di scripting, anche Ruby è un linguaggio non tipizzato. Per comprendere cosa voglia dire "non tipizzato" facciamo un confronto con un linguaggio "fortemente tipizzato", ad esempio il C++. In questo linguaggio ogni variabile, sia che venga dichiarata nel corpo di una funzione, sia che venga passata come parametro, deve avere associato un tipo. Un tipo rappresenta la categoria della variabile e normalmente è riconducibile a questi tipi standard:

- Numero intero
- Numero a virgola mobile
- Carattere (a, b, è, $, &, ...)
- Stringa (sequenza di caratteri, es.: "pippo")
- Tipo complesso (di solito unione di più tipi standard)

In un linguaggio non tipizzato, le variabili non hanno un tipo predefinito. Assumono un tipo solamente quando il programma associa alla variabile un valore. Se questo valore è una stringa, la variabile sarà di tipo stringa, se il valore sarà un intero la variabile conterrà interi.

Però in ogni momento, è possibile cambiare il tipo di una stessa variabile, e l'associazione tra variabile e tipo è labile. Per questo motivo, in Ruby si indicano sempre solo i nomi delle variabili e non i loro tipi. Di conseguenza, qualsiasi funzione in Ruby ritorna un valore il cui tipo è indefinito a priori - e pertanto può essere qualsiasi tipo.

Per chi proviene da un linguaggio tipizzato, questa impostazione può sembrare strana e in qualche modo fuorviante. Viceversa, chi si avvicina alla programmazione da zero la trova naturale - in quanto esseri umani non pensiamo "per tipi". In ogni caso, come si vedrà, questa impostazione funziona nel 99% dei casi. Nel rimanente 1% il programmatore dovrà specificare il tipo, e vedremo come è possibile farlo in Ruby.

3. Stringhe

Una stringa è una successione di caratteri. Ad esempio:

```
"Alessio"
'Quel ramo del lago di Como'
"jkdjkd 121280 Ikjwj"
```

In Ruby le stringhe sono qualsiasi sequenza di caratteri che sono tra due virgolette "", oppure tra due apici '' (doppie virgolette, singole virgolette).

Esiste tra le due rappresentazioni una differenza, che scopriremo più avanti. Ad esempio in questo programma:

```
print 'Inserisci il tuo nome >'
name = gets()
name = name.capitalize()
```

```
puts "Ciao, #{name}"
```

si richiede una stringa e la si stampa a video. La variabile *name* conterrà a run-time una stringa.

Inoltre se dentro una stringa dobbiamo usare un apice, o viceversa una doppia virgoletta, definiremo la stringa con il carattere delimitatorio contrario, cioè

```
"Questa 'stringa' è lunga"
'Questa è una "stringa" lunga'
```

sono entrambi esempi validi in Ruby.

4. Valori *embedded*

Nell'esempio di sopra, abbiamo visto come utilizzare le stringhe sia con le virgolette che con gli apici. Esiste tra le due soluzioni una differenza, che è rappresentata dalla valutazione dei valori *embedded*.

Se una stringa è fra virgolette viene eseguita la valutazione degli *embedded*, altrimenti no. Nel caso di:

```
puts "Ciao, #{name}"
```

il valore che comincia con # è una *variabile embedded*, cioè contenuta all'interno di una stringa. In questo caso, la stringa viene prima
valutata, i suoi valori embedded messi al posto del nome della variabile e quindi stampata a video.

Se avessimo scritto:

```
puts 'Ciao, #{name}'
```

Avremmo avuto a video invece che "Ciao, Alessio"

```
Ciao, #{name}
```

Provate, utilizzando la irb, a giocare con i due casi.

*Qualora si debba utilizzare l'input da console e altri specifici metodi da console,
l'utilizzo di visualizzatori di output degli editor, come SciTe, ad esempio, vi restituirà
un errore. I programmi per console vanno eseguiti all'interno di una console, quindi
richiamando dalla console stessa il programma in Ruby attraverso l'interprete.*

*Avrete notato che ho indifferentemente chiamato le funzioni mettendo gli argo-
menti tra parentesi, oppure no. In sostanza:*

```
puts 'Alessio'
```

equivale a:

```
puts('Alessio')
```

Normalmente si preferisce l'uso senza parentesi, più leggibile, ma esistono casi in cui le parentesi sono necessarie: cioè quando vogliamo applicare un metodo al risultato della funzione. Ne parleremo più avanti nel libro.

5. Numeri e tipi numerici

Se a una variabile si assegna un valore numerico, che sia intero o decimale, Ruby lo tratterà utilizzando un tipo numerico apposito ed effettuando le conversioni da intero a decimale a seconda dei casi, in modo del tutto trasparente per lo sviluppatore.

Ad esempio, in questo banale programma

```
raggio = 100
area = raggio * raggio * Math::PI
puts "L'area del cerchio di raggio
    #{raggio} e' #{area}"
```

viene calcolata l'area del cerchio di raggio cento.

È da notare, eseguendolo, che raggio è una variabile di tipo numerico intero, mentre area è di tipo decimale - viene infatti stampata a video con la virgola. Provate a scrivere

```
raggio = 100.0
```

e vi renderete conto della differenza.

In questo esempio, in più, richiamiamo la costante pi greco della libreria Math

```
Math::PI
```

Per farlo utilizziamo l'operatore apposito, composto da una serie doppia di "due punti". Come vedremo, questo operatore ci permette di richiamare i metodi e le costanti di libreria associate a un certo nome, nel nostro caso Math.

Per rendere il programma più interessante, potremmo chiedere all'utente di inserire il raggio. Per farlo modifichiamo il programma come segue:

```
print 'Immettere un raggio: '
raggio_stringa = gets
raggio = raggio_stringa.to_f
area = raggio * raggio * Math::PI
puts "L'area del cerchio di raggio #{raggio} e' #{area}"
```

Qui le cose interessanti da notare sono due.

Quando l'utente immette qualcosa da tastiera, questa è una stringa, poiché non siamo certi che l'utente inserirà un numero, potrebbe anche premere i tasti a caso!

Utilizziamo quindi il metodo "*gets*" che prende in input una stringa da tastiera.

Ruby fa moltissime cose per noi, ma non è in grado di moltiplicare mele con pere, in questo caso un numero con una stringa.

Per trasformare una stringa in un numero decimale utilizziamo il metodo della classe stringa (impareremo in seguito cosa questo voglia dire esattamente), che si chiam *to_f*, cioè "to float": traduci in numero decimale.

A questo punto possiamo eseguire la nostra moltiplicazione.

Notate che, a video, il raggio che abbiamo immesso, anche se era un numero intero, è stato trasformato in un numero decimale. Questo perché abbiamo utilizzato il metodo *to_f*. Avremmo potuto anche trasformare la stringa in un intero con il metodo *to_i*, ma in questo caso avremmo perso i numeri decimali con la virgola, se l'utente li avesse immessi.

Provate a eseguire il programma inserendo prima un numero intero, poi un numero con virgola (attenzione: Ruby ha di default la convenzione inglese, per cui la virgola si immette come un punto '.'), infine una stringa e annotatevi cosa succede.

In altri linguaggi di programmazione, la moltiplicazione di un numero intero per un numero decimale ritorna sempre un numero intero. Verificate cosa accade in Ruby se il numero immesso dall'utente viene trasformato in numero intero e moltiplicato con pi-greco.

6. Funzioni, metodi e loro chiamata

Una funzione permette di associare alcuni comandi e richiamarli insieme dando loro un nome. Tipicamente, una funzione prende in input alcuni parametri – detti *argomenti della funzione* – e ritorna un valore. Ad esempio:

```
def somma(a, b)
   return a+b
end

puts "La somma di 8 e 4 è #{somma(8,4)}"
```

Abbiamo scritto una funzione somma, che prende in input i due parametri *a* e *b*, e ritorna la loro somma.

In Ruby, non è necessario esplicitare il valore di ritorno, perché ogni funzione "assume" il valore dell'ultima riga calcolata, perciò potremmo equivalentemente scrivere:

```
def somma(a, b)
  a+b
end
```

A partire da Ruby 2, possiamo anche dare un nome ai parametri:

```
def somma(addendo1: 0, addendo2: 0)
  addendo1+addendo2
end

puts "La somma di 8 e 4 è #{somma(addendo1: 8, addendo2: 4)}"
```

L'implementazione dei parametri con nome in Ruby è piuttosto singolare e fuorviante per chi conosce altri linguaggi. Di fatto unisce due funzionalità: la prima per dare un nome ai parametri, la seconda per dare loro un valore di default. Come vedete i due parametri si chiamano *addendo1* e *addendo2* e hanno valore di default a zero. Quando chiamo la funzione, devo specificare un valore per *addendo1* e per *addendo2*. Se i parametri hanno un nome, non è più importante l'ordine con cui li specifichiamo.

Un metodo è una funzione associata ad una classe di oggetti – ne parleremo diffusamente in seguito. Per ora ci basti sapere che un metodo è una funzione che però non può essere richiamata da sola, ma deve essere richiamata a partire da una variabile oggetto.

Abbiamo già visto il metodo *to_f* negli esercizi precedenti:

```
raggio = raggio_stringa.to_f
```

In questo caso, l'oggetto è *raggio_stringa*, e il metodo *to_f*. Ogni oggetto, come vedremo più nel dettaglio più avanti quando parleremo di classi, è dotato di proprietà e metodi. Le proprietà sono attributi (ad esempio, un uomo potrebbe avere l'attributo "altezza") mentre i metodi sono le funzioni che quell'oggetto può svolgere - ad esempio, l'oggetto "Computer" può avere la funzione "esamina un foglio elettronico".

Nel caso di cui sopra, l'oggetto di tipo "stringa" chiamato *raggio_stringa* espone il metodo "to_f". Tutte le stringhe hanno il metodo *to_f*, infatti *to_f* è un metodo della classe "stringa".

Per conoscere quali sono i metodi esposti da una classe dobbiamo ricorrere alla documentazione di Ruby in linea, o alla documentazione di chi ha scritto quella classe. Se abbiamo il codice sorgente, possiamo invece direttamente leggerlo da lì.

Per conoscere i metodi esposti dall'oggetto stringa possiamo aprire *ri* oppure *fxri* (da qui in avanti chiameremo con il nome *ri*, sia ri su Linux sia la sua versione su Windows fxri) e visualizzare la classe "string". Vedremo la voce "instance methods" - esistono anche dei class methods, ma ne riparleremo quando avremo più chiara la distinzione tra classi e oggetti:

```
Instance methods:
%, *, +, <<, <=>, ==, =~, [], []=, _expand_ch, _regex_quote, block_scanf,
capitalize, capitalize!, casecmp, center, chomp, chomp!, chop, chop!, concat,
count, crypt, delete, delete!, downcase, downcase!, dump, each, each_byte,
each_char, each_line, empty?, end_regexp, eql?, expand_ch_hash, ext, gsub, gsub!,
hash, hex, include?, index, initialize_copy, insert, inspect, intern,
is_binary_data?, is_complex_yaml?, iseuc, issjis, isutf8, jcount, jlength, jsize,
```

```
kconv, length, ljust, lstrip, lstrip!, match, mbchar?, next, next!, nstrip, oct,
original_succ, original_succ!, pathmap, pathmap_explode, pathmap_partial,
pathmap_replace, quote, replace, reverse, reverse!, rindex, rjust, rstrip,
rstrip!, scan, scanf, size, slice, slice!, split, squeeze, squeeze!, strip,
strip!, sub, sub!, succ, succ!, sum, swapcase, swapcase!, to_f, to_i, to_s,
to_str, to_sym, to_yaml, toeuc, tojis, tosjis, toutf16, toutf8, tr, tr!, tr_s,
tr_s!, unpack, upcase, upcase!, upto
```

Quindi, ad esempio, strip e inspect sono due metodi che possiamo applicare a qualsiasi oggetto stringa.

Da questo listato possiamo capire alcune delle funzionalità associate ai metodi di una stringa:

```
miastringa = 'Buongiorno, sono una stringa!'

# La stringa da destra a sinistra
puts miastringa.reverse

nuovastringa = 'Ciao'
# Una stringa centrata in uno spazio di 20
puts nuovastringa.center(20)

# La lunghezza della stringa
puts "La stringa è lunga #{miastringa.length}"

# Buonasera!
puts miastringa.gsub("Buongiorno", "Buonasera")
```

Da questo listato vediamo intanto come si scrivono i commenti in Ruby: basta preporre il carattere "#" (cancelletto, o in inglese, *sharp*).

Molti metodi in Ruby hanno uno stesso nome, ma con il punto esclamativo in fondo (!). Ad esempio, esiste il metodo reverse e il metodo reverse!

Questo esempio può farci capire la differenza:

```
# Metodi !
uno = "Buongiorno"
due = uno.reverse
puts "Uno = #{uno} ; Due = #{due}"

# Risultato: Uno = Buongiorno ; Due = onroignouB

uno = "Buongiorno"
due = uno.reverse!
puts("Uno = #{uno} ; Due = #{due}")

# Risultato: Uno = onroignouB ; Due = onroignouB
```

Cioè quello che il punto esclamativo vuol dire è che il metodo deve essere applicato all'oggetto stesso, e non come valore di ritorno. Infatti nel primo caso il valore di uno non cambia, rimanendo quello originale, mentre nel secondo sì.

È importante padroneggiare questo concetto, che è anche alla base del passaggio di valori come parametri tra oggetti. Ne riparleremo.

Le funzioni sono casi particolari dei metodi. Ad esempio:

```
def calcolaArea(raggio)
  return raggio*raggio*Math::PI
end
```

```
puts "Area = #{calcolaArea(12)}"
```

con la parola chiave *def* io dico all'interprete che vado a definire una nuova funzione, che in questo caso ritorna l'area di un cerchio. Questa funzione accetta come parametro il valore "raggio". Posso invocarla così:

```
puts "Area = #{calcolaArea(12)}"
```

In questo caso la funzione ritorna un valore. Può anche non farlo - nel qual caso la chiameremo "metodo", o "procedura".

Se una funzione non prende alcun parametro di input, si può indicare così:

```
def funzioneSenzaParametri()
end
```

oppure, più comunemente, così:

```
def funzioneSenzaParametri
end
```

ovvero senza parentesi.

Le funzioni non sono direttamente associate a nessuna classe. Tuttavia, siccome ogni cosa in Ruby è un oggetto, come vedremo, Ruby crea per noi un nuovo oggetto che si chiama main. Tutte le funzioni non direttamente associate ad una classe, sono metodi dell'oggetto main.

7. Array

Un array è un insieme di valori, solitamente dello stesso tipo, anche se in Ruby, contrariamente a quanto accade nella stragrande maggioranza dei linguaggi, un array può contenere anche oggetti di tipo differente.

La principale utilità di un array è che questi oggetti possono essere associati a un indice (indicizzati) e perciò richiamabili facilmente a run-time.

Un esempio ci chiarirà le idee:

```
mioarray = ['Gino', 'Pino', 'Lino']
puts(mioarray [0]) # mostra 'Gino'
puts(mioarray [1]) # mostra 'Pino'
puts(mioarray [2]) # mostra 'Lino'
```

Per dichiarare un array, come si vede, includo i valori tra parentesi quadre. Quando voglio richiamare un elemento dell'array, metto il suo indice tra parentesi quadre.

In Ruby, tutti gli indici partono dallo zero, cioè il primo elemento è l'elemento 0. Cioè si dice che gli array sono *zero-based*.

Posso anche creare un nuovo array utilizzando l'apposita classe Array. Così, per creare ad esempio un array di dieci elementi scriverò:

```
nuovoarray = Array.new(10)
```

Come vedremo, *new* è il metodo che crea un nuovo oggetto e si chiama 'costruttore'.

8. Array multidimensionali

Si possono creare anche array multidimensionali. Ad esempio, una mappa cartesiana, bidimensionale, può essere memorizzata in un array a due dimensioni - una per le ascisse, una per le coordinate. Ad esempio, ancora, un problema di fisica con coordinate nello spazio-tempo avrà bisogno di un array a 4 dimensioni - 3 per lo spazio, 1 per il tempo. Gli array multidimensionali si dichiarano così:

```
multidim = [ [ 1, 2, 3] ,
             [ 'a','b','c'] ]
```

E si richiamano così:

```
puts(multidim[1][2])
```

Attenzione a non confondere la notazione. Infatti uno sarebbe tentato di scrivere, per accedere al terzo elemento del secondo array:

```
puts(multidim[1,2])
```

Questa però è una notazione diversa, in Ruby: è uno *slice*, come vedremo, cioè è un sinonimo di

```
puts(multidim[1..2])
```

9. Iterare un array

Gli array, e le collezioni di oggetti in genere, sono utili perché ci permettono di iterare su una lista di cui non sempre conosciamo a priori la cardinalità. In altre parole, se abbiamo un insieme di oggetti e ne cerchiamo all'interno uno che abbia certi attributi, possiamo passarli in rassegna uno dopo l'altro finché non troviamo quello voluto.

Iterare un array è molto semplice in Ruby, ed è alla base del costrutto *for*.

```
for persona in mioarray
    puts persona
end
```

Questo comando dice: *per ogni variabile contenuta nell'array assegna alla variabile l'elemento corrente dell'array.* Nell'esempio, viene iterato tutto l'array, e viene assegnato alla variabile 'persona' l'elemento corrente. Fatto questo, in persona c'è l'elemento dell'array e possiamo farne quello che vogliamo, ad esempio stamparlo a video.

In questo esempio vediamo anche per la prima volta un blocco di comandi (*block*). Ogni blocco di comandi viene definito da un "end" che ne marca la fine. Come vedremo, molti costrutti in Ruby agiscono su un blocco di comandi.

Possiamo anche iterare un array multidimensionale. Ad esempio, se abbiamo un array di quattro dimensioni, possiamo iterarlo con:

```
for (a,b,c,d) in multiarr
        print("a=#{a}, b=#{b}, c=#{c}, d=#{d}\n" )
end
```

Come vediamo in questo esempio, print è un sinonimo di *puts*, anche se con qualche differenza. Per ora utilizzeremo indifferentemente l'uno o l'altro.

10. Utilizzo degli indici di un array

Quando si crea un array, questo è indicizzato di default, cioè noi possiamo ottenere l'elemento n-esimo richiamandolo con l'apposito indice, ad esempio:

```
mioarray = ['Gino', 'Pino', 'Lino']
puts mioarray [1] # mostra 'Pino'
```

Cioè abbiamo richiamato il secondo elemento dell'array - ricordiamo che gli indici partono da zero.

Possiamo, volendo, "affettare" un array, cioè estrarne una fetta - definita da un indice di partenza e un indice di arrivo. Ad esempio, scrivendo

```
puts mioarray[1..2] # mostra 'Pino Lino'
```

avremo l'estrazione del secondo e del terzo elemento dell'array. Questa operazione si dice *slice* ed è molto utile, soprattutto quando manipoliamo le stringhe, che in quel caso vengono viste come array di caratteri. Ad esempio:

```
# Una stringa è anche un array di caratteri
prova_stringa = 'abcdefghijklmnop'
puts prova_stringa[2..8] # mostra 'cdefghi'
```

Gli indici possono anche essere negativi. Un indice negativo è un indice che invece che partire dal primo elemento (quello più a sinistra), parte dall'ultimo (quello più a destra):

```
puts mioarray[-2] # mostra 'Pino'
```

Esercizi

1. Scrivere una funzione che calcola l'area di un quadrato, dato il lato.

2. Scrivere un programma che chiede in input un numero e stampa a video il quadrato di quel numero.

3. Scrivere la frase *È fedel non lede fè* da sinistra a destra e da destra a sinistra. Verificare che la frase è un palindromo.

STRUTTURE CONDIZIONALI E DI ITERAZIONE

1. Blocchi

Prima di procedere nell'analisi delle strutture condizionali o di iterazione, dobbiamo fare la conoscenza della nozione di "blocco". Un blocco in Ruby non è nient'altro che un insieme di comandi aggregati insieme. Un blocco in Ruby è contraddistinto dall'essere racchiuso tra due parentesi graffe, oppure in tra un *begin* e un *end* - spesso però la costituzione di un blocco è definita dalla parola chiave che lo definisce e da un *end* finale.

```
do
    puts "Questo è un blocco"
    puts "composto da due comandi"
end
{
    puts "Anche questo"
    puts "È un blocco"
}
```

Il codice listato di sopra definisce due blocchi analoghi. Un blocco deve necessariamente essere associato a un comando, che deve essere adiacente nel codice. Il blocco non viene eseguito nel momento in cui appare nel codice, ma viene tenuto in memoria, ed eseguito a seconda del comando associato.

Il listato di cui sopra non viene eseguito ed anzi genera un errore di sintassi. Questo è perché viene definito un blocco ma non viene associato ad alcun comando di esecuzione.

Il programmatore esperto di altri linguaggi, ad esempio Java o C#, si sorprenderà di questo fatto. Infatti in quei linguaggi i blocchi possono essere utilizzati in qualsiasi punto del codice e molti li usano anche solo per definire sezioni di codice. Per motivi che risulteranno più chiari in seguito, in Ruby invece il delimitatore di blocco non può essere utilizzato con questo scopo, ed anzi l'interprete lo proibisce esplicitamente.

Come vedremo più avanti, i blocchi sono come funzioni delegato anonime, e qualsiasi metodo può essere richiamato con un blocco come argomento implicito. Ne riparleremo quando presenteremo la funzione **yield**.

Volendo seguire lo stile Ruby più in voga, dovreste usare do/end per blocchi multi-linea, mentre le parentesi graffe dovrebbero essere usate per blocchi "piccoli", che stanno su una sola linea.

2. Test di una condizione: *if ... then*

Una condizione è il risultato di un test che risulta in un valore *booleano*, cioè può essere VERO o FALSO - in Ruby: *true* o *false*, scritto minuscolo. Ad esempio:

```
a = 300
b = 100
```

```
if a > b
    puts 'a è maggiore di b'
end
```

Possiamo gestire casi complessi con le parole chiave *else* oppure *elsif*, ad esempio:

```
if voto == 10
    puts 'OTTIMO!'
elsif voto > 7 and voto < 10
    puts 'Buono'
elsif voto > 5 and voto < 7
    puts 'Sufficiente'
else
    puts 'Scarso'
end
```

A seconda del valore assegnato alla variabile voto, avremo differenti giudizi stampati a video.

Un costrutto *if* di fatto costituisce un blocco:

```
if a > b
    puts 'a è maggiore di b'
    puts 'Questo comando è all'interno di un blocco'
end
```

3. Unless

In Ruby esiste anche il contrario di *if*, un concetto che in italiano si potrebbe tradurre con "A meno che", ad esempio:

```
unless voto > 7
    puts 'Comunque puoi fare di meglio!'
```

```
end
```

Stampa "Puoi fare meglio" a meno che il voto non sia maggiore di sette.

Perché si è sentito il bisogno di inserire nel linguaggio una parola chiave che è del tutto equivalente ad un "if not"? Per motivi di leggibilità del codice. Noi esseri umani facciamo più fatica a capire la logica negativa piuttosto che quella positiva. Ad esempio, questa riga di codice:

```
@entry.user = user unless user.nil?
```

è più leggibile di quest'altra, peraltro equivalente:

```
@entry.user = user if not user.nil?
```

4. Case

Il costrutto *case* si usa quando devono essere testati molti valori, o un elenco di valori. Ad esempio:

```
giorno = 3
case giorno
    when 1
            puts 'È Lunedì'
    when 2
            puts 'È Martedì'
    when 3
            puts 'È Mercoledì'
    when 4
            puts 'È Giovedì'
    when 5
            puts 'È Venerdì'
    when (6..7)
```

```
                    puts 'Wow! Siamo nel weekend'
        else
                    puts 'Non esiste un tale giorno!'
    end
```

Stampa il giorno della settimana sulla base del suo indice. Da notare che usiamo uno *slice* per testare la condizione tra sei e sette. Inoltre, il costrutto *case* in Ruby supporta la parola chiave *else*, che agisce come un caso di default qualora tutti gli altri casi siano *false* - ed infatti è analoga al *default* dei costrutti *switch* di C# e Java.

5. Modicatori *if* e *unless*

Il concetto di "modificatore" è interessante in quanto "pospone" la condizione rispetto all'azione che deve essere eseguita se la condizione è *true*.

Vediamo alcuni esempi:

```
time2 = Time.now

puts 'Ora corrente: ' + time2.strftime("%H:%M:%S")
orario = time2.hour
puts 'È giorno' if (orario > 7 and orario <= 19)
puts 'È sera' if (orario > 19 and orario <= 21)
```

Un modificatore può condizionare la esecuzione di un intero blocco:

```
# Il modificatore agisce su un blocco
svolgi_azione = true
begin
    puts 'Azione numero uno'
    puts 'Azione numero due'
end if svolgi_azione
```

6. Cicli *for* e *each*

Il modo più comune per eseguire un ciclo è quello di prendere un insieme di oggetti (una collezione, una lista o un Array) e far partire su di questo una iterazione oggetto per oggetto. Prendiamo l'esempio già visto:

```
utenti = [ 'John', 'Alain', 'Lara' ]
for user in utenti
    puts "Ho aggiunto l'utente #{user}"
end
```

In questo modo, il *for* cicla su tutti gli utenti assegnando ogni volta ciascuno alla variabile *user*.

Un esempio numerico può essere fatto prendendo in prestito la tabellina del due:

```
# Stampiamo la tabellina del 2
numeri = [1,2,3,4,5,6,7,8,9,10]
for n in numeri
    puts "2 x #{n} = #{2*n}"
end
```

Chi ha familiarità con altri linguaggi, ad esempio il *Basic* o il *Pascal*, può avere difficoltà a ragionare sul costrutto for in termini di "collezione di oggetti", essendo stato abituato a vedere il for che cicla su dei numeri. Noi questa cosa, però, possiamo "emularla" in Ruby, prendendo a prestito la costruzione veloce di un array numerico che si fa con questa notazione:

```
# Un for "classico"
for n in (1..10)
    puts "2 x #{n} = #{2*n}"
end
```

Esiste un modo alternativo, ma del tutto equivalente, di dare inizio ad un ciclo *for*, e cioè utilizzando il metodo "each" della classe Array.

Per esempio, potremmo riscrivere gli esempi precendenti così:

```
# Con each
[1,2,3,4,5,6,7,8,9,10].each { |n|
    puts "2 x #{n} = #{2*n}"
}
```

Come abbiamo visto nei blocchi, le parentesi graffe possono essere sostituite con un *begin/end*. La notazione sopra assegna la variabile n all'elemento dell'array che è nel ciclo, dal primo all'ultimo.

Esistono anche due interessanti metodi dei numeri interi, che sono upto e downto, che permettono anche loro di ciclare in modo simile al for:

```
1.upto(10) { |n|
    puts "2 x #{n} = #{2*n}"
}
```

Questo scrive esattamente la tabellina del due vista prima. Il *downto*, invece, conta alla rovescia:

```
# Countdown
10.downto(1) { |n|
    puts "#{n}..."
}
```

Sempre facendo riferimento al Basic, è possibile anche "saltare" durante il ciclo for di un certo numero di valori, ciò che in Basic si fa così:

```
FOR i = 1 TO 10 STEP 2
```

e in Ruby diventa, sempre facendo l'esempio della tabellina:

```
(1..10).step(2) { |n|
    puts "2 x #{n} = #{2*n}"
}
```

Infine, un qualunque ciclo - *for, while, until* - può essere interrotto utilizzando la parola chiave *break*:

```
# Break
utenti = [ 'John', 'Alain', 'Lara', 'Pippo']
for user in utenti
    if (user == 'Alain')
      puts 'Found Alain!'
      break
    end
```

```
end
```

---

7. Cicli *while*

Il costrutto *while* è un parente stretto del costrutto *for*. Essendo più sintetico, laddove si possa utilizzare, il suo utilizzo è preferibile. Questo per motivi di leggibilità: come vedremo infatti, il costrutto *while* è immediatamente comprensibile.

Il blocco all'interno di un ciclo *while* viene eseguito finché la condizione di test è vera. Quando è falsa, il ciclo si conclude.

Per comprendere l'utilizzo di *while* analizziamo questo semplice programmino, che introduce altre piccole cose tipiche di Ruby:

```ruby
# Zzzz...

$ore_di_sonno = 10

def dormo
    puts("z" * $ore_di_sonno )
end

while ($ore_di_sonno > 0)
    dormo
    $ore_di_sonno -=1
end
```

ore_di_sonno è una variabile globale. Cioè viene vista in tutto il nostro programma, dentro qualsiasi funzione o classe. Come si vede, infatti, la funzione *dormo* la utilizza, mentre il ciclo while la modifica. Per assegnare a una variabile una visibilità globale, in Ruby si prepende il simbolo $.

Un'altra cosa nuova è l'operatore "-=", che è equivalente a:

```
$ore_di_sonno = $ore_di_sonno -1
```

Questi operatori sintetici sono del tutto generici, cioè si possono associare a qualsiasi operatore binario, come ad esempio:

```
x += 1 ( x = x + 1 )
x *= 1 ( x = x * 1 )
x /= 1 ( x = x / 1 )
x ^= 1 ( x = x ^ 1 )
```

e così via...

Il programma stampa una "z" finché ci sono ore di sonno. Da notare anche un'altra peculiarità di Ruby: una stringa può essere moltiplicata! Questa operazione dà esattamente il risultato che ci aspettiamo: la stringa viene "replicata" per il numero di volte indicato.

Cosa succede se la condizione di test del *while* è sempre falsa?

Semplicemente il blocco di istruzioni non viene mai eseguito e si passa al comando successivo.

Però ci sono dei casi in cui vogliamo comunque che il blocco venga eseguito almeno una volta, anche se la condizione non è mai verificata. In questo caso ci viene in aiuto il costrutto *while* usato come modificatore, cioè in fondo a un blocco.

```
begin
    dormo
    $ore_di_sonno -=1
end while ($ore_di_sonno > 0)
```

La differenza è che, mentre nel primo caso si diceva: fintanto che la condizione è vera, fai questa cosa, nel secondo caso si dice: fai questa cosa, e poi finchè la condizione è vera ripetila.

Nella programmazione moderna, l'uso di variabili globali è assolutamente sconsigliato. Il motivo è soprattutto di leggibilità e manutenibilità. Se infatti faccio uso di variabili globali, è molto probabile che il codice che le usa sia definito "altrove" (in un altro file, in un altro sistema), con una perdita di leggibilità. Inoltre è possibile che una variabile globale cambi valore inaspettatamente, perché si è perso traccia di dove questa viene modificata.

In modo ancor più radicale, persino l'uso di variabili locali oggi viene considerato pericoloso. In alcuni contesti applicativi – soprattutto l'esecuzione parallela dello stesso codice in ambienti multithread o multi-core – la variabile locale può essere modificata da programmi gemelli che girano parallelamente al nostro. Come vedremo, l'utilizzo della programmazione funzionale permette di scrivere algoritmi che, operando su costanti, permettono di fare a meno anche delle variabili locali.

8. Cicli *until*

Così come, in un certo senso, *unless* è il contrario di *if*, così "*until*" (fino a che) è il contrario di *while* (mentre). Un esempio, ancora, ci chiarirà le idee:

```
# Zzzz...
$ore_di_sonno = 10
```

```
until ($ore_di_sonno == 0)
      dormo
      $ore_di_sonno  -=1
end
```

Listato che produce gli stessi effetti di quello del paragrafo precedente. Notate che *until* esiste anche in versione modificatore:

```
# Zzzz...
$ore_di_sonno = 10
begin
      dormo
      $ore_di_sonno  -=1
end until ($ore_di_sonno == 0)
```

Una cosa da notare è che questo secondo listato viene sempre eseguito almeno una volta. Infatti, se "ore di sonno" è zero, nel primo caso il ciclo until non viene eseguito, nel secondo caso viene eseguito una volta.

Esercizi

1. Stampare i numeri interi scendendo da 1200 a 1100 (opzionale: in una linea di codice!)

2. Dire qual è la differenza tra il "quadrato della somma" dei primi cento numeri interi e la "somma dei quadrati" dei primi cento numeri interi. *[Risultato: 25.164.150]*

3. Sapendo che in Ruby il metodo *rand(x)* restituisce un numero intero a caso tra 0 e x-1, scrivere un programma che lancia diecimila volte un dado a sei faccie. Registrare quante volte è uscito un valore tra 1 e 2, quante volte è uscito un valore tra 4 e 5, e quante volte è uscito esattamente 3 o 6. Verificare che la distribuzione dei numeri casuali generati è uniforme.

[SFIDA]

4. Sapendo che pi greco può essere calcolato come la serie infinita:

```
4/1 - 4/3 + 4/5 - 4/7 + 4/9 - 4/11 + 4/13...
```

scrivere un programma in Ruby che calcola il valore di pi greco. Confrontare il risultato, poi, con il valore di pi greco in Math::PI

[SFIDA]

5. I numeri triangolati sono la sequenza di numeri in cui ogni numero è la somma di tutti quelli che precedono. Così ad esempio il settimo numero triangolato è 1 + 2 + 3 + 4 + 5 + 6 + 7 = 28. La sequenza dei primi dieci triangolati è

1,   3,   6,   10,   15,   21,   28,   36,   45,   55,   ...

Se calcoliamo i divisori dei primi sette numeri triangolati, troviamo:

```
1:                                                           1
3:                                                         1,3
6:                                                     1,2,3,6
10:                                                  1,2,5,10
15:                                                  1,3,5,15
21:                                                  1,3,7,21
28:                                            1,2,4,7,14,28
```

cioè il settimo numero triangolato ha 6 divisori: 1,2,4,7,14 e 28. Qual è il primo numero triangolato ad avere più di 500 divisori?

[Risposta: 76.576.500]

CLASSI E OGGETTI

1. La classe

Come abbiamo visto nel primo capitolo, Ruby è un linguaggio di scripting che supporta pienamente la programmazione orientata agli oggetti - in inglese, *Object Oriented Programming*: OOP. In particolare, si dice che Ruby è un linguaggio a oggetti "puro".

Cosa significa che è "puro"? Significa che in Ruby, tutto è un oggetto. Ogni variabile, in Ruby, è essa stessa un oggetto, anche se il comportamento a oggetti non viene definito esplicitamente. In questo secondo caso, Ruby costruisce per noi l'infrastruttura a oggetti necessaria. Inoltre, significa che qualsiasi tipo in Ruby discende da una singola classe ancestrale che si chiama *Object*. In altre parole quindi possiamo dire che ogni variabile in Ruby è una variabile di tipo Object.

Questo fatto significa che ogni valore, ogni numero, ogni variabile che viene definita in Ruby possiede almeno i metodi e le proprietà della classe ancestrale Object, cioè ad esempio la possibilità di essere convertito in stringa con il metodo *to_s*.

Per comprendere però in concreto di cosa stiamo parlando, occorre metterci d'accordo su qualche termine. Inizieremo con il concetto di "classe".

Una classe è, in astratto, una categoria, la parte atomica di una tassonomia. Ad esempio, esiste la classe degli "Animali", dei "Vegetali", dei "Programmi per computer", dei "Giochi di ruolo". Una classe è dunque una categoria di cose.

Nella programmazione a oggetti, ogni classe possiede dei metodi e delle proprietà.

Il metodo è ciò che la classe è in grado di fare - solitamente si esprime con un verbo. Ad esempio, gli "Animali": respirano, mangiano, procreano. I "programmi per computer" vengono eseguiti, si scrivono, si stampano. I "Vegetali" crescono, fioriscono.

La proprietà è un attributo della classe. Ad esempio, gli "Animali" hanno un'età, un peso, una quantità media di cibo necessaria al giorno. Così, i "Programmi per computer" avranno un numero di funzioni, una complessità, una compatibilità con un certo sistema operativo.

In una nota rappresentazione - la rappresentazione UML delle classi - i metodi e le proprietà di una classe vengono disegnati così:

Qui, per esempio, la classe "Button" ha le proprietà: *dimensione* x, *dimensione* y, *etichetta*, *ascoltatori*, *posizione* x, *posizione* y. Inoltre, possiede i metodi: *premi()*, *disegna()*, *registra()*, *deregistra()*.

In Ruby una classe si definisce utilizzando la parola chiave "class". Ad esempio, se volessimo realizzare la classe vista sopra nel diagramma UML, scriveremmo:

```ruby
# Classe: button

class Button

    @xsize = 0
    @ysize = 0
    @label = "Pulsante"
    @xposition = 100
    @yposition = 100

    # Draw
    def draw
    end

    # Press
    def press
    end

    # Register
    def register
    end
```

```
# Unregister
def unregister
end

end
```

Infatti, ogni classe è definita tra la parola *class* e il delimitatore finale *end*. I metodi di una classe si scrivono come normali funzioni, solo che solo poste *all'interno* della classe.

Le proprietà di una classe sono normali variabili, solo che sono precedute dal simbolo @ e hanno solo visibilità interna alla classe. In Ruby non è necessario pre-dichiarare queste variabili, come faccio nel listato sopra. Tuttavia, è meglio farlo per una migliore leggibilità del programma.

Nei linguaggi classici, una variabile viene dichiarata all'inizio di un programma: ad esempio si dichiara che la variabile Nome è una stringa. La prima volta che si assegna alla variabile un valore, si dice che si "definisce" la variabile, ad esempio Nome = "Pippo". Nei linguaggi di scripting, non è necessario né dichiarare né definire una variabile prima di usarla. Al primo utilizzo, la variabile viene automaticamente dichiarata e definita. Per motivi di leggibilità, però, specie quando si stanno creando le proprietà di una classe, è meglio dichiararle e definirle immediatamente dopo la definizione del nome della classe.

Per esporre le variabili all'esterno, dovremo utilizzare dei metodi. Esistono metodi apposta per fare questo, che vedremo quando parleremo di *getters* e *setters*.

2. L'oggetto: istanza di una classe

Una volta capito cos'è una classe, possiamo comprendere cos'è un oggetto. In letteratura si dice che l'oggetto è l'istanza di una classe. Ad esempio, *Alessio Saltarin* è un'istanza della classe "Insegnanti di Ruby". Una *lince maculata* è un oggetto della classe Animali. Il pulsante *btnPulsante21* è un oggetto della classe Button visto in precedenza.

In altre parole, un oggetto è una manifestazione reale di una categoria astratta. L'oggetto vive – ciò anche in pratica, anche nella memoria di un PC - mentre la classe ne è solo una rappresentazione astratta.

Per creare un oggetto da una classe esistente, utilizziamo il metodo *new* della classe stessa.

```
mioPulsante = Button.new
```

I metodi di una classe vengono definiti come funzioni, e cioè per definire ad esempio il metodo "scrivi" della classe "Button" che prende come parametro "messaggio", scriveremo:

```
def scrivi(messaggio)
    ...
end
```

Se il metodo non prende alcun parametro verrà definito come

```
def scrivi
    ...
end
```

Nel primo caso, per usare un il metodo scrivi, per prima cosa istanzieremo l'oggetto, e per seconda cosa chiameremo il suo metodo *scrivi*:

```
mioPulsante = Button.new
mioPulsante.scrivi('Invia')
```

Se il metodo non prende alcun parametro è possibile chiamarlo così:

```
mioPulsante.scrivi()
```

anche se, normalmente in Ruby, è possibile evitare di scrivere le parentesi tonde:

```
mioPulsante.scrivi
```

In questo modo è stato creato ed utilizzato l'oggetto *mioPulsante* della classe "Button". Questo oggetto è una variabile di tipo "Button". Così come, ad esempio, un numero è una variabile di tipo numerico e una stringa è una variabile di tipo stringa, così qualsiasi oggetto assume il tipo della classe di appartenenza.

Oggetto e istanza di classe sono sinonimi. Anche tipo e classe lo sono. Prima della programmazione a oggetti, il "tipo" definiva la categoria cui la variabile apparteneva, ad esempio un numero intero, una stringa o un numero decimale. Nei linguaggi orientati agli oggetti, specie in quelli dove ogni oggetto discende da un'unica classe, come in Ruby ogni oggetto discende da Object, ogni classe è un tipo e quando si definisce una nuova classe si sta aggiungendo un tipo al linguaggio stesso. Si dice che un linguaggio è "tipizzato", quando il controllo sui tipi avviene in fase di compilazione. Nei linguaggi di scripting, che non vengono compilati, parlare di tipizzazione non è corretto. Tuttavia, in Ruby, i tipi esistono, e ogni tipo è di fatto una classe – ad esempio, il tipo Stringa è la cl

Ecco perché si dice che i linguaggi orientati agli oggetti sono linguaggi a tipizzazione dinamica, cioè i tipi, in questi linguaggi, possono essere inventati e aggiunti.

Quando abbiamo creato un oggetto di classe "Button", ci aspettiamo che questo oggetto abbia i metodi definiti nella sua classe di appartenenza, cioè ci aspettiamo di poter scrivere:

```
mioPulsante.draw
    # Disegna a video il pulsante
mioPulsante.press
    # Premi il pulsante
```

Dal momento che ogni variabile, in Ruby, è un oggetto, possiamo utilizzarla come se fosse un oggetto. Ad esempio:

```
xxx = 72.45
puts(xxx.floor)
```

xxx utilizza il metodo *floor* (arrotonda verso il basso) della sua classe di appartenenza (che è quella dei numeri Float). Oppure

```
yyy = 50
50.downto(20) { |x| puts(x) }
```

Utilizza il metodo downto della classe cui appartiene (quella dei numeri interi *Fixnum*)

Per sapere a quale classe appartiene una variabile possiamo usare il metodo *class*. Ad esempio:

```
puts(yyy.class)
```

stampa a video *FixNum*. Possiamo usare poi *ri* - o qualsiasi altro browser di documentazione di Ruby - per scoprire quali sono i metodi supportati da quella classe, e perciò applicabili a quell'oggetto. In effetti, potremmo anche farcelo dire dall'oggetto stesso con:

```
puts(yyy.methods)
```

ma ne riparleremo quando affronteremo il tema dell'introspezione.

3. Costruttori

Abbiamo visto che per creare un oggetto utilizziamo il metodo "new". Questo è un metodo "statico", nel senso che è un metodo che si applica alla classe e non ad un oggetto della classe.

Chi ha già familiarità con altri linguaggi OOP, come Java o C#, potrebbe pensare che "new" è richiami il costruttore della classe. Sebbene questo sia corretto dal punto di vista della teoria OOP - infatti, *new* costruisce un nuovo oggetto, in pratica non è così per il motivo che non si può implementare una propria versione di "new" per inizializzare un oggetto, o, per dirla con la terminologia OOP, non è possibile fare l'*override* del costruttore *new* in Ruby - o meglio, non lo è per le finalità di questo libro introduttivo.

Volendo scrivere un proprio metodo costruttore, potremo farlo mettendo le procedure di inizializzazione in un apposito metodo, che si chiama "initialize". Ruby chiama sempre "initialize" quando un oggetto viene istanziato per la prima volta.

Inoltre, il metodo *initialize* è interessante perché ci permette di definire una lista di parametri con i quali chiamare il metodo *new* della classe. Pertanto, in pratica, initialize è il vero costruttore della classe.

Come si vede nel prossimo listato.

```ruby
# Initialize

class Inizianda
    def initialize(a, b) # Costruttore
        @varUno = a
        @varDue = b
    end

    def stampaVarUno
        puts(@varUno)
    end

    def stampaVarDue
        puts(@varDue)
    end
end

i = Inizianda.new(15, 20)
i.stampaVarUno # stampa a video 15
i.stampaVarDue # stampa a video 20
```

4. Ogni oggetto è un Object

Quando creiamo una classe questa eredita automaticamente dalla classe Ruby che si chiama Object. Questo significa che ogni nuova classe "IS-A" *Object*, e come tale avrà tutti i metodi di Object in modo implicito.

È interessante conoscere questi metodi, sia perché potremo utilizzarli con profitto anche per le classi create da noi e per qualsiasi oggetto che incontreremo, sia perché potremo personalizzare la nostra classe andando a riscrivere i metodi di Object, a farne cioè *l'override*, come vedremo nel prossimo capitolo quando parleremo di ereditarietà.

Vediamo di seguito alcuni metodi interessanti di *Object* (e perciò di qualsiasi classe in Ruby):

- *clone()*
  Effettua una "shallow copy" dell'oggetto. Questa operazione copia l'oggetto e tutti le sue proprietà, ma non copia i valori delle proprietà degli oggetti da cui eredita, e nemmeno i valori delle proprietà di cui l'oggetto tiene delle reference in memoria. L'operazione che copia tutto questo è detta "deep copy", e va implementata custom.
- *display()*
  Stampa l'oggetto sullo stream di output predefinito, normalmente la console. Non vi aggiunge un "a capo".
- *hash()*
  Genera un numero (un FixNum molto alto) che serve da identificatore unico dell'oggetto, un po' come se fosse la sua "targa"

- *class()*
  Ritorna la classe a cui appartiene l'oggetto (l'ultima nel caso di classe che eredita da altre classi)
- *inspect()*
  Ritorna una stringa con una rappresentazione leggibile di ciò che contiene l'oggetto (analogo a *to_s*)
- *methods()*
  Ritorna una lista di metodi disponibili dell'oggetto
- *to_s()*
  Ritorna una stringa con la classe dell'oggetto e un numero identificativo dell'oggetto (che è la proprietà _id_ dell'oggetto). Solitamente si fa l'override di questo metodo per fornire una versione stampabile come stringa dell'oggetto, poiché ogni volta che una classe generica viene data in input a un metodo che stampa a video (ad esempio, puts), questo metodo viene richiamato implicitamente.
- *to_yaml()*
  Ritorna una rappresentazione YAML dell'oggetto (ne parliamo nel capitolo 7)

5. Proprietà: *getters* e *setters*

Riprendiamo la classe *Inizianda*, che ha il solo scopo di fare da wrapper a due valori, vista in precedenza.

Siccome *@varUno* e *@varDue* sono proprietà interne della classe, ovvero variabili di istanza (*instance variables*), non sono utilizzabili dall'esterno, cioè non è possibile

```
i = Inizienda.new(10,10)
puts(i.varUno.to_s) # NoMethod Error
puts(i.@varUno.to_s) # NoMethod Error
```

Possiamo pensare allora di modificare la nostra classe in modo da poter leggere e modificare i valori di *varUno* e di *varDue*. Ad esempio, potremmo scrivere dei metodi apposta per farlo.

```
class Inizienda2
    def initialize(a, b)
        @varUno = a
        @varDue = b
    end

    def getVarUno
        return @varUno
    end

    def setVarUno(value)
        @varUno = value
    end

    def getVarDue
        return @varDue
    end

    def setVarDue(value)
        @varDue = value
    end
end
```

I metodi *getVarUno/setVarUno* e *getVarDue/setVarDue* si chiamano in gergo *Accessors*, perché accedono alle variabili interne della classe. I metodi *get* si chiamano *getters*, e i metodi *set* si chiamano *setters*.

Esiste un modo standard, benché non obbligatorio e nemmeno unico, di scrivere gli Accessors in Ruby. Per farlo dovremmo modificare la nostra classe così:

```ruby
class Inizianda3
    def initialize(a, b)
        @varUno = a
        @varDue = b
    end

    def varUno # getter di varUno
        return @varUno
    end

    def varUno=(value) # setter di varUno
        @varUno = value
    end

    def varDue  # getter di varDue
        return @varDue
    end

    def varDue=(value) # setter di varDue
        @varDue = value
    end
end
```

È da notare che sia il *getter* che il *setter* si chiamano in modo uguale alla variabile interna (senza il carattere @). Inoltre il *setter* ha un simbolo '=' dopo il nome, a dire che quel metodo è un *setter*, ossia imposta il valore di una variabile interna.

Abbiamo appena incontrato un'altra peculiarità del linguaggio Ruby. Tutti i metodi che di fatto sono setters, cioè impostano una variabile o uno stato, hanno un nome che termina con '='. Ad esempio, File::archive=. Analogamente, tutti i metodi che finiscono con '?', indicano una funzione che ritorna un valore booleano, true o false, ad esempio: File::exists? Siamo fortemente incoraggiati a seguire questa naming convention quando creiamo le nostre classi o librerie. Esistono anche metodi che terminano con il punto esclamativo '!' Questi indicano che il metodo va a cambiare lo stato interno dell'oggetto, e il suo uso è considerato in qualche modo 'pericoloso', perché chiamarle cambia lo stato di un oggetto che può essere usato altrove nel codice, per cui questo cambiamento può causare un comportamento imprevisto.

Il linguaggio Ruby ha una peculiarità. Esistono dei costrutti sintattici che ci permettono di "risparmiare tempo" nella scrittura del codice: l'interprete, quando li incontra, li traduce per noi nel codice completo.

Dal momento che gli *accessors* sono molto comuni nel codice e la loro scrittura può risultare tediosa, Ruby ci mette a disposizione alcuni *shortcut* per generarli in automatico - ne troveremo, ad esempio, nel codice generato da Rails:

Shortcut	Codice completo
attr_reader :v	def v; @v; end
attr_writer :v	def v=(value); @v=value; end
attr_accessor :v	attr_reader :v; attr_writer :v
attr_accessor :v, :w	attr_accessor :v; attr_accessor :w

Perciò scrivendo nel codice lo *shortcut* è come se avessimo scritto quello che appare nella tabella sopra nella colonna "Codice completo". In particolare, il primo è il codice per un *getter* - cioè un *accessor* a sola lettura, il secondo è il codice per un *setter* – un *accessor* a sola scrittura, mentre il *terzo* è un *accessor* completo, in lettura e in scrittura.

Per quale motivo uno vorrebbe scrivere un *accessor* in sola lettura o in sola scrittura? Naturalmente, per indicare che quella specifica proprietà dell'oggetto è disponibile solo come campo "read-only" –

nel caso di solo *getter*, oppure come campo "write-only" – nel caso di solo *setter*.

Il fatto che Ruby sia un linguaggio di scripting, e non un linguaggio compilato e tipizzato, comporta un side-effect particolare proprio nel caso di getter e setter a sola lettura o a sola scrittura. Di fatto, se uno vuole scrivere un programma che modifica il valore di una proprietà a sola lettura, può farlo usando alcuni speciali metodi messi a disposizione da Object – si veda il listato sotto. Si può dunque ripetere la domanda come segue: per quale motivo un programmatore vorrebbe scrivere un accessor a sola lettura o a sola scrittura, quando poi questa indicazione è del tutto inutile visto che si può aggirare? Come vedremo in seguito quando parleremo di polimorfismo, questo comportamento è del tutto in linea con la filosofia di un linguaggio di scripting, che si può riassumere come segue: ogni regola si può rompere, se necessario.

```
class IniziandaP

  def initialize(a, b)
    @var1 = a
    @var2 = b
  end

  attr_reader :var1

end

proibit = IniziandaP.new(10,10) # var
puts proibit.var1.to_s
#proibit.var1 = 100 # Errore: undefined method `var1='
proibit.instance_variable_set(:@var1, 100)
puts proibit.var1.to_s
```

Potete notare, invece, nella quarta riga della tabella degli shotcut, che questo *shortcut* funziona anche se abbiamo più variabili che vogliamo esporre attraverso un *accessor*: nel caso della tabella, con quella sintassi scriveremo un *accessor* in lettura e scrittura per la variabile v e per la variabile w. La nostra classe con gli shortcut diventa notevolmente più compatta:

```
class Inizianda4

    def initialize(a, b)
        @var1 = a
        @var1 = b
    end

    attr_accessor :var1, :var2

end
```

Per utilizzarla:

```
i = Inizianda4.new(15, 20)
puts("i.var1 = " + i.var1.to_s)
i.varDue = 25
puts("i.var2 = " + i.var2.to_s)
```

Vediamo ora un esempio leggermente più complesso:

```
class TriangoloIsoscele

  attr_accessor :base, :cateto

  def initialize(b, c)
    @base = b
    @cateto = c
  end

  def altezza
    Math::sqrt(@cateto*@cateto-(@base*@base)/4)
  end

  def area
    @base * self.altezza / 2
  end

end
```

```
tr = TriangoloIsoscele.new(10,7)
area_str = sprintf('%.2f', tr.area)
puts "L'area del triangolo con base=" << tr.base.to_s << ' e
cateto=' << tr.cateto.to_s << ' è ' << area_str
```

Come potete vedere, la classe "TriangoloIsoscele" ha uno *shortcut*

```
attr_accessor :base, :cateto
```

Questa linea di codice significa che la classe ha due proprietà private: @base e @cateto, e ha due accessor pubblici che si chiameranno *base* e *cateto*, in particolare avremo un *getter* e un *setter* per @base e @cateto.

Notate che i due metodi altezza e area non hanno un'istruzione 'return' per ritornare il rispettivo valore: questo perché in Ruby non c'è differenza tra un'espressione e uno statement: una funzione o un metodo assume sempre lo stesso valore della sua ultima istruzione – sia che questo valore venga ritornato, sia che no.

Un'altra cosa da notare è che nel metodo 'area' io richiamo un metodo del mio stesso oggetto. Questo riferirsi allo 'stesso' oggetto, che in altri linguaggi si dice 'this', in Ruby – come in Python – si dice 'self', e si riferisce all'istanza corrente e cioè in uso della classe. In altre parole: *self.area* è il valore della variabile area associato all'oggetto TriangoloIsoscele che è stato creato con *new*.

Questo ci introduce al concetto di istanza, contrapposto al concetto di classe.

6. Metodi di classe e metodi di istanza

Finora abbiamo visto, parlando di metodi, sempre metodi di istanza (in inglese: *instance methods*), cioè metodi legati all'oggetto che viene creato usando "new" su una certa classe.

Il metodo "new", però, appartiene ad un'altra categoria di metodi, i metodi di classe (in inglese: *class methods*), che in altri linguaggi si chiamano metodi statici. Questi metodi si applicano non all'istanza di una classe - ad esempio, l'oggetto *Pippo* che è un'istanza della classe *Studente*, ma si applicano direttamente alla classe stessa. La loro sintassi è quindi: *<nome della classe>.<metodo di classe>*.

Ad esempio:

```
pippofile = File.new("pippo.txt", 'r') if   File.exist?("pippo.txt")
```

Con questa linea di codice, creo un nuovo oggetto di tipo File solo se il file "pippo.txt" esiste. Per farlo uso i metodi di classe *exist?* e *new*.

Ogni volta che cercheremo della documentazione su una classe di libreria di Ruby, troveremo sempre l'elenco dei metodi di classe (*class methods*) e l'elenco dei metodi di istanza (*instance methods*). Ad esempio, sul sito "rdoc", di cui converseremo diffusamente nel prossimo capitolo, i metodi di classe sono indicati dal segno ":" e quelli di istanza dal segno "#".

Ora, è naturalmente possibile creare dei *class methods* anche nelle classi create da noi. Ad esempio, potremmo creare un nostro costruttore personalizzato alla classe Inizianda. Un metodo di classe viene definito indicando il nome della classe seguito da '.' seguito dal nome del metodo, come nel caso di *Inizianda5.crea*:

```
class Inizianda5

    attr_accessor :varUno, :varDue

    def initialize(a, b)
      @varUno = a
      @varDue = b
    end

    def Inizianda5.create(a, b)
      Inizianda5.new(a, b)
    end
end
nv = Inizianda5.create(10,10)
puts("Creazione con metodo statico: " + nv.varUno.to_s)
```

Il metodo statico è definito come un metodo normale, solo che il suo nome comincia con il nome della classe seguito da punto. Nel corpo del metodo avremmo anche potuto scrivere:

```
return Inizianda5.new(a,b)
```

Ma in Ruby, come in molti linguaggi di ultima generazione, il valore di ritorno del metodo o della funzione coincide con il valore calcolato nell'ultima riga, rendendo di fatto l'uso di "return" superfluo. Io credo che per motivi di leggibilità del codice sia sempre meglio esplicitare il 'return', comunque vi capiterà di leggere molto codice Ruby in cui semplicemente non si usa, per il motivo detto in precedenza.

Un altro modo per definire un metodo statico, o di classe, è di utilizzare la parola chiave *self* nella definizione del metodo all'interno della classe, dove *self* è un puntatore alla classe stessa:

```
class Inizianda5
```

```
attr_accessor :varUno, :varDue

def initialize(a, b)
  @varUno = a
  @varDue = b
end

def self.create(a, b)
  Inizianda5.new(a, b)
end

end
```

Come si vede, il metodo "create" non fa altro che restituire una nuova istanza della classe *Inizianda*, dando come parametri al costruttore i due parametri ricevuti.

7. Riflessione e introspezione degli oggetti

La riflessione, altrimenti detta introspezione, nella OOP, è la capacità di un oggetto di parlare di se stesso, ovvero di esporre la propria definizione di classe.

Quando si programma in un linguaggio orientato agli oggetti che non sia però un linguaggio di scripting, cioè che sia in qualche modo compilato, in genere non è una buona idea utilizzare dei metodi di "introspezione", cioè che chiedano ad un oggetto di che classe è, quali sono i suoi metodi e via dicendo.

In generale, e questo vale anche per Ruby, se facciamo troppo spesso ricorso all'introspezione, questo probabilmente significa che non abbiamo messo in piedi un vero *design* a oggetti. Ne riparleremo quando affronteremo il discorso del polimorfismo.

Con Ruby, però, non esistono particolari controindicazioni all'introspezione, che è una tecnica che, a differenza dei linguaggi compilati, nei linguaggi OOP di scripting non comporta significative penalizzazione delle performance.

Detto questo, l'introspezione è una tecnica utilissima in fase di *debug* di programmi complessi. In particolare lo è il metodo "inspect". Vediamo un esempio: supponiamo di stare scrivendo un programma e di testare vari modi per duplicare un oggetto:

```
i = Inizianda.new(15, 20)
puts("Oggetto i > " + i.class.to_s+ " "+i.inspect)
a = i.clone
puts("Oggetto a clone di i > " + a.class.to_s+" "+a.inspect)
b = a
puts("Oggetto b copia di a > " + b.class.to_s+" " + b.inspect)
```

Sia "i" l'oggetto di classe Inizianda visto sopra. Valuto due tecniche di creazione: la *clone*, e l'uguaglianza diretta. E poi mi pongo una domanda: a e b sono oggetti diversi - leggi: vivono in una porzione di memoria diversa - oppure sono lo stesso oggetto di i - leggi: sono sinonimi per chiamare i? Utilizzando l'introspezione (*inspect*) vedo che *clone* crea un nuovo oggetto, che ha le stesse variabili di a ma vive in uno spazio di memoria diverso, mentre il segno uguale assegna un nome diverso alla stessa variabile, cioè in sostanza a e b sono la stessa cosa, la stessa porzione di memoria.

Ricordo che il metodo *class* ci restituisce la classe (il tipo) di appartenenza dell'oggetto, e non è da confondere con l'omonima parola chiave che ci serve per definire una nuova classe.

Come vedremo, quando avremo complesse relazioni di ereditarietà e di composizione fra le classi, metodi come *inspect* e *class* ci verranno molto utili.

8. Consultare la documentazione in linea

Agli albori della programmazione dei computer si tendeva a tenere ben separati il linguaggio di programmazione dalle librerie – altrimenti dette API - che esso poteva utilizzare.

Recentemente, e più o meno in concomitanza con l'affermarsi di Java, le due anime si sono sempre più fuse in un corpo unico, con il che oggi normalmente si tende a dire che si programma in Java intendendo il linguaggio di programmazione insieme alle sue librerie standard.

La situazione in Ruby è analoga: il linguaggio di programmazione Ruby viene distribuito con una sua libreria di base di riferimento, che è chiamata "Core". Oltre a questa, vi è una libreria di funzionalità estese, anch'essa ormai standard, chiamata appunto "Standard Library". Nella prima troveremo gli elementi di base per la programmazione, come la gestione dei file, dell'aritmetica, delle eccezioni, del tempo e dei processi; nella seconda troveremo classi avanzate per la gestione ad esempio della compressione dei file, del logging, di json e dei protocolli Internet.

Tutta la documentazione è online e si trova qui: http://www.ruby-doc.org/

Il nome deriva da "rdoc" che è lo strumento automatico che, a partire dai sorgenti commentati, genera la documentazione – in genere in formato HTML.

A titolo di esempio, riportiamo la documentazione del metodo "Insert" di un oggetto String. Da questo capiamo che "insert" prende due parametri come argomenti, *index* e *other_str*, e ritorna una nuova stringa, str, sulla base dell'algoritmo descritto nel seguito.

insert(index, other_str) → str

Inserts *other_str* before the character at the given *index*, modifying *str*. Negative indices count from the end of the string, and insert *after* the given character. The intent is insert *aString* so that it starts at the given *index*.

9. Ogni classe è aperta

Ricordate la classe *TriangoloIsoscele* che abbiamo definito sopra? Supponiamo di averla salvata in un file "triangolo.rb".

Il modo con cui Ruby importa codice definito in altri file è usando il comando 'require'. È analogo all'*include* del C/C++ o all'*import* di Java.

In Ruby è sempre possibile "estendere" classi esistenti, aggiungendo loro metodi e attributi, come nell'esempio che segue:

```ruby
require './triangolo.rb'

class TriangoloIsoscele
  def perimetro
    2 * @cateto + @base
  end
end

tr = TriangoloIsoscele.new(10,7)
area_str = sprintf('%.2f', tr.area)
puts 'Il perimetro è ' << tr.perimetro.to_s
```

Non solo possiamo estendere classi di cui abbiamo a disposizione il codice sorgente, ma anche classi di libreria o classi interne (Core) di Ruby.

Esercizi

1. Creare una classe "Robot". Ogni robot ha un numero identificativo. A run time, creare dieci robot e stampare a video il loro numero identificativo.

2. Aggiungere alla classe Robot un costruttore che accetta come parametro un numero. Generare un identificativo tra 1 e quel numero. La classe deve inoltre implementare un metodo che stampa: "Buongiorno, sono il Robot nr." seguito dal suo identificativo. A run time, creare dieci robot e stampare a video il loro numero identificativo.

3. Come nell'esercizio 3, solo che occorre controllare che i Robot creati a run-time abbiano tutti un identificativo diverso.

4. Creare una classe "TriangoloScaleno". Utilizzando gli shortcut, scrivere un accessor per ogni lato e un getter per il perimetro (calcolato in un apposito metodo della classe). La classe non abbia costruttori: i lati devono essere inseriti attraverso l'uso dei setter.

INCAPSULAMENTO ED EREDITARIETÀ

1. Relazioni tra classi

Nel capitolo precedente, abbiamo visto come creare una classe. Una classe, ricordo, è un nuovo tipo che comprende proprietà e metodi. Da questo punto di vista, la classe è dunque una nuova struttura dati complessa.

Questo concetto non sarebbe molto potente se noi non permettessimo alle nuove classi di costituire, insieme alle classi esistenti, nuove classi, per definire così una vera e propria tassonomia.

Con il termine **tassonomia** - dalle parole greche *taxis* = ordine e *nomos* = regole - ci si riferisce alla classificazione gerarchica di concetti, nel nostro caso di "classi". Praticamente tutti i concetti, gli oggetti animati e non, i luoghi e gli eventi possono essere classificati seguendo uno schema tassonomico. In matematica, una tassonomia è una struttura ad albero di istanze, o categorie, appartenenti ad un dato gruppo di concetti. A capo della struttura c'è un'istanza singola, il nodo radice, le cui proprietà si applicano a tutte le altre istanze della gerarchia - sotto-categorie. I nodi sottostanti a questa radice costituiscono categorie più specifiche le cui proprietà caratterizzano il sotto-gruppo del totale degli oggetti classificati nell'intera tassonomia.

Nel nostro caso, cioè nei linguaggi orientati agli oggetti, la tassonomia delle classi stabilisce un sistema di relazioni tra le classi secondo cui si può stabilire:

- da quali classi è composta la classe attuale
- da quale classe la classe attuale discende (eredita)
- quali classi ereditano dalla classe attuale

Questa categorizzazione è fatta "a priori". Perché quando il programma viene eseguito, ovvero come si dice con un termine tecnico *a run-time*, le classi stabilite a priori vengono istanziate in una serie di oggetti veri e propri che definiscono le regole e il comportamento del programma.

Facciamo qualche esempio tratto dal mondo reale. Ad esempio, in un sistema che descrive un'automobile, la gerarchia delle classi potrebbe comprendere una classe Automobile. Questa, a sua volta:

- discende (o eredita) dalla classe "Veicoli a motore"
- è composta da oggetti di classe Manubrio, Cambio, Acceleratore, Sedile (e via dicendo)
- da lei ereditano le classi "Automobile sportiva", "SUV", "Utilitaria"

Ruby, e con lui tutti i linguaggi orientati agli oggetti - OOP, ha una serie di costrutti per esprimere queste relazioni tra classi, che possono sostanzialmente essere ridotte a due:

- composizione - relazione "HAS-A", cioè: *ha un*
- ereditarietà - relazione "IS-A", cioè: *è un*

Perché utilizzare un complesso sistema di classi rispetto ad un approccio standard, senza classi? Fondamentalmente si hanno tre vantaggi. Il primo riguarda la riusabilità del codice sorgente. Se una classe è ben pensata e sufficientemente generica, può essere utilizzata in diversi contesti e in nuovi programmi. Il secondo riguarda la leggibilità del codice sorgente. Siccome noi esseri umani pensiamo "per oggetti" è più facile leggere programmi a oggetti piuttosto che programmi scritti seguendo altri paradigmi; questo comporta inoltre che il sistema è facilmente diagrammabile, e quindi portabile in altri linguaggi o piattaforme che supportino la OOP. Infine, un buon programma che segua le regole della programmazione a oggetti è espressivamente "potente": significa che alcune tipologie di problemi e di algoritmi possono essere espressi in modo compiuto solamente - o, in altri casi, più facilmente - con un linguaggio OOP: si pensi ad esempio alle simulazioni in genere, dove vengono generati a *run-time* migliaia di oggetti che simulano la vita di oggetti reali.

2. Composizione

La più facile delle relazioni tra classi è la relazione di composizione, cioè la relazione "HAS-A", questa classe "ha-un" altra classe. Supponiamo di voler descrivere in Ruby un sistema "Soggiorno". Abbiamo a disposizione gli oggetti: "Cuscino", "Divano", "Tavolo", "Sedia", "Tappeto", "Televisione". Una possibile rappresentazione può essere quella che segue:

```
# Classi semplici
class Cuscino
```

```
end

class Sedia
end

class Tappeto
end

class Televisione
end

# Divano è composto da 3 Cuscino
class Divano
    def initialize
        @cuscinoUno = Cuscino.new
        @cuscinoDue = Cuscino.new
        @cuscinoTre = Cuscino.new
    end
end

#Tavolo è composto da un numero variabile di Sedia
class Tavolo
    def initialize
        @sedie = Array.new
    end
    def aggiungiSedia(sedia)
        @sedie.push(sedia)
    end
    def rimuoviSedia()
        @sedie.pop
    end
end

#La classe composta Soggiorno
class Soggiorno
    def initialize
        @tappeto_a_fiori = Tappeto.new
        @tv_lcd = Televisione.new
        @tavolo_di_legno = Tavolo.new
        @divano_letto = Divano.new
    end
end
```

Questo sistema viene interpretato come una composizione di classi: come vedete, in particolare, un Divano ha tre cuscini, mentre un Tavolo può avere un numero indefinito a priori di sedie, e infine il soggiorno è costituito da un Tappeto, un Televisore, un Divano e un Tavolo. Notate che il Divano del Soggiorno ha, come abbiamo già scritto, tre cuscini e via dicendo. Inoltre, il Tavolo ha dei metodi specifici per aggiungere o togliere delle sedie.

Questo meccanismo della composizione è molto potente. Ci permette infatti di scrivere algoritmi estremamente ricchi da un punto di vista di funzionalità, in poche linee di codice. Infatti, a un programmatore che non ha partecipato alla stesura del codice basterebbe un'occhiata alla definizione di Soggiorno, per capire da quali classi è composto. Così facendo potrebbe inserire il sistema, così com'è, nel proprio progetto "Appartamento", per fare un esempio a tema.

Occorre tenere presente, infine, che in genere nella pratica di programmazione sul campo, su cento relazioni da determinare, circa novanta sono relazioni di composizione, mentre solo le rimanenti sono di ereditarietà.

3. Incapsulamento

Una classe può dunque definire la propria struttura in termini di composizione di altre classi. Questa struttura interna della classe può o non può essere visibile all'esterno. Sta al programmatore decidere.

L'incapsulamento è il concetto secondo il quale i dettagli interni ad una classe, in termini di stato e tipo delle proprie variabili, deve essere visibile solo alla classe stessa, e deve essere invisibile all'esterno.

Supponiamo, per fare un esempio, che l'utente della classe "soggiorno" voglia aggiungere una sedia al tavolo. Ebbene, non può farlo, perché il programmatore ha "incapsulato" Tavolo all'interno di soggiorno – infatti @tavolo_di_legno è un'instance variable di Soggiorno, che non è visibile di per sé all'esterno. Se il programmatore vuole esplicitamente rendere possibile per un utente della classe aggiungere delle sedie, dovrà rendere disponibile un apposito metodo. Ad esempio, un *getter* per "tavolo di legno" potrebbe fare al caso nostro:

```
#Soggiorno senza incapsulamento per il tavolo
class Soggiorno
  def initialize
      @tappeto_a_fiori = Tappeto.new
      @tv_lcd = Televisione.new
      @tavolo_di_legno = Tavolo.new
      @divano_letto = Divano.new
  end
  def tavoloDiLegno
      return @tavolo_di_legno
  end
end

# Aggiungere una sedia...
soggiorno = Soggiorno.new
soggiorno.tavoloDiLegno.aggiungiSedia(Sedia.new)
```

Una nota: in Ruby, l'incapsulamento è "virtuale". Il programmatore può sempre accedere, se lo vuole, alle variabili interne di un oggetto, sempre che sappia cosa fa e sappia che questo modo di agire è pericoloso, perché va a cambiare lo stato interno dell'oggetto. In altri linguaggi, specie quelli compilati, esistono dei modificatori in grado di nascondere "fisicamente" le variabili interne di un oggetto. È buona norma utilizzare i getter/setter se si desidera rendere disponibili all'esterno le variabili interne di una classe.

È possibile in Ruby specificare che alcuni metodi sono "privati", e quindi non accessibili all'esterno, tramite la keyword "private":

```
class Aaaa
```

```
  def methodA
    puts 'Sono il metodo A'
  end

  def methodB
    puts 'Sono il metodo B'
  end

  private:methodB
end

a = Aaaa.new
#a.methodB # Error: private method 'methodB' called for object
a.send(:methodB)
```

Come si vede, chiamare direttamente un metodo privato dà errore. Viceversa, attraverso il metodo "send", è sempre possibile richiamare un metodo privato, anche se farlo è veramente sconsigliato.

4. Superclassi e sottoclassi: ereditarietà

L'ereditarietà è l'altro tipo di relazione OOP, quella che esprime la relazione IS-A - *è un*. Facciamo subito un esempio pratico, preso dalla libreria di Ruby:

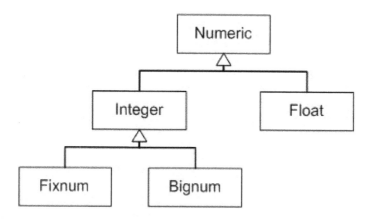

come si vede da questo diagramma, i numeri in Ruby vengono suddivisi in cinque classi: ciascuna di queste eredita dalla classe base *Numeric*. Ad esempio, leggendo questo diagramma sappiamo che "BigNum" è un "Integer" che a sua volta "è un" Numeric.

Per antica convenzione, in un diagramma la classe che eredita viene disegnata in basso con una freccia che punta verso la classe da cui quella classe eredita. Così, ad esempio, leggendo il diagramma capiamo che le classi Ruby *Fixnum* e *BigNum* ereditano da *Integer* e Integer eredita da *Numeric*. Le classi che ereditano - e stanno quindi in basso - si chiamano *sottoclassi*, mentre le classi da cui si eredita - e che stanno in alto - si chiamano *superclassi*.

Ma cosa vuol dire esattamente che una classe "eredita" da un'altra? Vuol dire che alcuni metodi e proprietà di quella classe di oggetti sono a disposizione delle sue sottoclassi. In questo modo si implementa la relazione "IS-A": infatti se una classe "eredita" da un'altra si può ben dire che essa "è" l'altra classe, con qualcosa in più o con qualcosa di diverso. Nella realtà le relazioni "IS-A" sono molteplici: un "Triangolo" è un "Poligono", un "Aereo" è un "Mezzo di trasporto", e così via.

Da un punto di vista tecnico, dire che un oggetto "eredita" da un altro, significa non dover riscrivere tutto il codice che definisce quell'oggetto, ma solo la parte di codice che lo differenzia dal suo oggetto padre, cioè dalla classe da cui la sua classe eredita.

5. Impostare l'ereditarietà

L'uso dell'ereditarietà ci permette di esprimere un sistema informatico in termini di "differenze" rispetto all'esistente. Ad esempio, invece che modificare una classe esistente perfettamente funzionante, è possibile ereditare da questa e scrivere una classe nuova, da testare nel nuovo contesto. In questo senso, l'ereditarietà è alla base della cosiddetta "programmazione differenziale" -*differential programming.*

In Ruby, una classe può avere un solo genitore (*parent class*) e molti discendenti, ovvero una sola super-classe e molte sottoclassi. Usando un termine tecnico, diremo che in Ruby non è permessa l'ereditarietà multipla. Come vedremo, possiamo comunque implementare relazioni "complesse" tra classi che emulano l'ereditarietà multipla attraverso l'uso dei *mixin.*

Come si implementa l'ereditarietà in Ruby? Lo scopriamo con un esempio. Supponiamo di avere una classe *Pesce* che eredita da una classe *Animale*, come si vede nel prossimo esempio:

```
class Animale
    def initialize(nomeAnimale)
        @nome = nomeAnimale
    end

    def respira
        chisono
```

```ruby
        puts ' e sto respirando'
    end

    def mangia(cosa)
        chisono
        puts " e sto mangiando un #{cosa}"
    end

    def chisono
        print 'Sono un '
        print @nome
    end
end

class Pesce < Animale
    def nuota
        chisono
        puts ' e sto nuotando'
    end
end

pesce_palla = Pesce.new("Pesce Palla")
pesce_palla.mangia 'altro pesce'
pesce_palla.nuota
```

In Ruby, la relazione di ereditarietà si esprime mettendo un simbolo < (minore) dopo il nome della classe, seguito dalla superclasse. L'output del programma sarà:

```
Sono un Pesce Palla e sto mangiando un altro pesce
Sono un Pesce Palla e sto nuotando
```

Notiamo due cose: prima di tutto, il metodo "chisono" è disponibile direttamente per l'uso anche in Pesce: non devo riscriverlo. Avere dichiarato che Pesce eredita da Animale, mi porta automaticamente dentro la nuova classe tutti i metodi e le proprietà della vecchia. La seconda cosa che notiamo è che, a run time, quando io creo un nuovo oggetto di classe "Pesce" questo ha a disposizione anche

tutti i metodi di Animale. Se così non fosse non avrei potuto richiamare *pesce_palla.nuota.*

6. Visibilità

Normalmente, tutti i metodi della superclasse vengono ereditati
dalla sottoclasse, anche quelli marcati con "private".

Ad esempio, se modifichiamo Animale come segue:

```
class Animale
    def initialize(nomeAnimale)
        @nome = nomeAnimale
    end

    def respira
        chisono
        puts ' e sto respirando'
    end

    def mangia(cosa)
        chisono
        puts " e sto mangiando un #{cosa}"
    end

    def chisono
        print "Sono un "
        print @nome
    end

    private :chisono

end
```

Possiamo sempre scrivere:

```
class Pesce < Animale
    def nuota
        chisono
        puts ' e sto nuotando'
    end
end
```

ed essere sicuri che funzionerà. Quello che invece non possiamo fare è invocare il metodo "chisono" sull'oggetto pesce_palla.

```
pesce_palla = Pesce.new("Pesce Palla")
pesce_palla.mangia 'altro pesce'
pesce_palla.nuota
# pesce_palla.chisono ## private method `chisono' called for
#<Pesce:0x2bfb588>
```

Pertanto, la dichiarazione di visibilità "private" su un oggetto di classe dice che quel metodo può essere invocato nella definizione dei metodi di una sottoclasse, ma non da un oggetto di quella sottoclasse.

In questo senso, il modificatore "private" si comporta in modo simile a quello che in altri linguaggi OOP è "protected". Inoltre, scopriamo così che in Ruby, non è possibile rendere un metodo di classe "totalmente" privato, cioè ad uso esclusivo di quella classe e non delle sue sottoclassi.

Esiste anche un modificatore "protected", il cui funzionamento però è molto diverso dal funzionamento che esso ha in altri linguaggi OOP. Il modificatore "protected" dice in sostanza che il metodo "protected" può essere utilizzato solo dalla classe stessa, dalle sottoclassi, oppure – e qui sta la differenza rispetto a "private" – da un'altra classe che accede a quel metodo, se essa appartiene a quella famiglia di classi; ossia se è la classe stessa o una sottoclasse.

Proviamo a leggere insieme questo codice:

```ruby
class Animale

    def initialize(nomeAnimale, eta)
        @nome = nomeAnimale
        @eta = eta
    end

    attr_reader :nome, :eta

    def respira
        chisono
        puts ' e sto respirando'
    end

    def piuvecchio?(altroAnimale)
      return (@eta > altroAnimale.eta)
    end

    def mangia(cosa)
        chisono
        puts " e sto mangiando un #{cosa}"
    end

    def chisono
        print "Sono un #{@nome}"
    end

    protected :eta

end
```

Qui stiamo dicendo che il metodo "eta" è protetto: significa che vi possono accedere solo istanze della stessa classe o sottoclasse di Animale, che vengano passate come argomento ad un metodo di Animale, nel nostro esempio il metodo "piuvecchio?"

Perciò potremo scrivere:

```
animale = Animale.new("Gatto", 5)
pesce_palla = Pesce.new("Pesce Palla", 2)
if animale.piuvecchio?(pesce_palla)
  puts("#{animale.nome} è piu' vecchio di #{pesce_palla.nome}")
end
#animale.eta ## protected method `eta' called for #<Animale:0x2b4acf0>
#pesce_palla.chisono ## private method `chisono' called for #<Pesce:0x2bfb588>
```

Attenzione al fatto che "eta" nell'esempio sopra non è una proprietà di Animale, ma è un metodo! Infatti lo abbiamo definito con attr_reader. In Ruby si possono utilizzare modificatori di visibilità soltanto con i metodi, e non con le proprietà!

In ogni caso, è uso comune in Ruby non usare i modificatori di visibilità, o usarli come modo per esprimere dei "suggerimenti" a chi usa il codice, poiché, come abbiamo visto, i modificatori di visibilità si possono facilmente aggirare usando il metodo "send".

7. Override di un metodo

Cosa accade se io voglio sì utilizzare i metodi della classe da cui eredito, ma li voglio anche modificare? È del tutto lecito aspettarsi che una classe che eredita da un'altra faccia le stesse cose, quindi in termini di programma possa eseguire gli stessi metodi, ma con un risultato leggermente diverso.

In questo caso, si dice che si fa l'*override* di un metodo. Quando cioè si eredita da una classe e si riscrive un metodo già definito nella superclasse, si dice che si fa l'*override* di quel metodo. Riprendiamo l'esempio di prima:

```
class Pesce < Animale
      def nuota
            chisono
            puts ' e sto nuotando'
      end

      def respira
            chisono
            puts ' e respiro PALLANDO!'
      end
end

pesce_palla = Pesce.new("Pesce Palla", 3)
pesce_palla.mangia 'altro pesce'
pesce_palla.respira
```

Adesso l'output del metodo *respira* non sarà ... *e respiro...* ma quello che abbiamo appena ridefinito, e cioè ... *e respiro PALLANDO!*.... Ruby, in più, ci mette a disposizione la parola chiave *super*, che nel contesto di un metodo di cui si sta facendo l'*override*, vuol dire "riesegui quanto definito nel super-metodo":

```
class Pesce < Animale
     def nuota
           chisono
           puts ' e sto nuotando'
     end

     def respira
           super
           puts ' e mentre respiro mi gonfio...'
     end
end
```

Qui invece l'output sarà:

```
Sono un Pesce Palla e sto mangiando un altro pesce
Sono un Pesce Palla e sto respirando
 e mentre respiro mi gonfio...
```

8. Metodi polimorfici

Il meccanismo dell'ereditarietà sarebbe espressivamente povero se non permettesse il polimorfismo. Non a caso, nei corsi di OOP, insegnano che una specie di regola del nove per decidere se una classe dovrà ereditare da un'altra è chiedersi: *questa classe sarà usata in metodi polimorfici?* Il polimorfismo è la capacità di un metodo di una classe di comportarsi diversamente - da qui: essere poli-morfico, cioè avere molte forme, a seconda del tipo del parametro passato in input.

Va premessa una cosa: in tutti i linguaggi OOP, se io dico che il metodo "Pippo", per esempio, prende come parametro un oggetto di tipo "Pluto", io intendo dire che "Pippo" prende in input qualsiasi oggetto di tipo Pluto o di una sua sottoclasse.

Vediamo questo semplice esempio:

```
class Mobile
    def initialize(nomeMobile)
        @mobile = nomeMobile
    end
    def descriviViaggio
        chisono
    end
    def chisono
```

```ruby
            print "Sono un #{@mobile} "
        end
end

class Automobile < Mobile
    def descriviViaggio
        super
        puts " e vado a 120 km/h"
    end
end

class Aeroplano < Mobile
    def descriviViaggio
        super
        puts " e vado a 800 km/h"
    end
end

def MetodoPolimorfico(mobile)
    mobile.descriviViaggio
end

auto = Automobile.new("AutoXX")
aereo = Aeroplano.new("AereoY")

MetodoPolimorfico(auto)
MetodoPolimorfico(aereo)
```

In questo codice sorgente ci sono tre classi: *Mobile*, *Aeroplano* e *Automobile*. Le ultime due ereditano dalla prima. Poi abbiamo un metodo polimorfico, che, con grande sfoggio di fantasia, ho chiamato 'MetodoPolimorfico', che accetta un oggetto come parametro.

Questo oggetto deve appartenere a una sottoclasse di Mobile o a Mobile stesso - o comunque a qualsiasi altra classe che definisca un metodo *descriviViaggio* che non prende in input alcun tipo di oggetto, cioè che abbia la stessa firma di *descriviViaggio*.

L'output di questo metodo è:

```
Sono un Pesce Palla e sto mangiando un altro pesce
Sono un Pesce Palla e sto respirando
 e mentre respiro mi gonfio...
```

Come si nota il metodo, benché sia esattamente lo stesso, produce due output differenti. Se gli si dà in input un oggetto di tipo Automobile stamperà la velocità dell'automobile, se gli si passa un Aereo stamperà la velocità dell'aereo.

Il vantaggio dell'uso di metodi polimorfici sta proprio nel fatto che il metodo rimarrà uguale quale che sia il tipo dell'oggetto che riceverà in input. Supponiamo infatti di avere un sistema complesso in cui non sia molto semplice modificare il codice sorgente esistente. Se questo però è stato organizzato per sfruttare il polimorfismo, posso essere sicuro che, rispettando il contratto dato dalla firma dei metodi, potrò sempre scrivere nuove classi che aggiungeranno comportamenti sempre nuovi al codice esistente. E cosa accade se passo a 'MetodoPolimorfico' un oggetto che non ha un metodo *descriviViaggio*, ad esempio una stringa?

Semplicemente, otterrò un errore a *run-time*, che mi dirà che il metodo non esiste per la classe passata in input:

```
"undefined method 'descriviViaggio' for "pippo":String
```

mi dice Ruby, che tradotto vuol dire: non esiste un metodo "descriviViaggio" che prende come argomento una stringa.

In Java, in C# e nella programmazione OOP classica, per stabilire che un oggetto appartiene ad una determinata tipologia di oggetti - cioè è una sottoclasse di una classe data - occorre esplicitamente far derivare l'oggetto da una classe padre: in sostanza occorre usare le tecniche dell'ereditarietà, ereditando da una classe, da una classe astratta o da un'interfaccia. Sarebbe come dire: per stabilire se questa che ho davanti è un'anatra, prendo il suo DNA e lo studio in laboratorio per vedere se è proprio quello di un'anatra. In Ruby invece si utilizza il cosiddetto "test dell'anatra" (duck test), così chiamato dopo un celebre articolo James Riley: se cammina come un'anatra e starnazza come un'anatra, allora è un'anatra - il che è incidentalmente ciò che fa ognuno di noi quando vede un'anatra. Cosa vuol dire questo? Vuol dire che in Ruby, e più in generale nei linguaggi di scripting orientati agli oggetti, come Python e Perl, non occorre specificare l'interfaccia, nè esplicitare relazioni di ereditarietà tra le classi per implementare un comportamento polimorfico. Semplicemente l'interprete "si fida" del fatto che il programmatore, qualora passi al metodo polimorfico un oggetto che "dovrebbe avere" un certo metodo, in realtà ce l'abbia. Se starnazza come un'anatra...

Esercizi

1. Scrivere una classe "Gioco" con un metodo Giocatori che prende in input una lista di nomi e li stampa tutti, mettendo davanti la parola "Giocatore: " (es.: Pippo, Pluto -> Giocatore: Pippo, Giocatore: Pluto). Scrivere la classe "Videogioco" che eredita da "Gioco". Invece che stampare la parola "Giocatore", il metodo "Giocatori" deve ora stampare "Videogiocatore: ". Creare a run time un oggetto di tipo Gioco e uno di tipo Videogioco.

2. Scriviamo una classe "MioOggetto" in modo tale che ogni nuovo oggetto di tipo "MioOggetto", quando passato come argomento a un comando di stampa a video, come ad esempio puts(), stampa a video "Pippo".

3. Scrivere una classe "FormaGeometrica" che ha un metodo "CalcolaArea". Scrivere due sottoclassi di *FormaGeometrica*: *Quadrato* e *Cerchio*, che facciano entrambi l'override di *CalcolaArea*, calcolando la formula dell'area nei due casi (quadrato e cerchio).

4. Continuare dall'esempio tre, scrivendo un metodo "Calcolatore-DiAree", che prende in input qualsiasi FormaGeometrica. Dimostrare che passando un Cerchio e un Quadrato a "CalcolatoreDiAree", le aree vengono calcolate correttamente. *Approfondimento: è ancora necessaria la classe "FormaGeometrica"?*

[SFIDA]
5. È data la seguente lista che rappresenta i comandi per avviare un'automobile.

```
$avviarelauto =
    [
        'Apro la portiera',
        'Mi siedo',
        'Metto le mani sul volante',
        'Premo la frizione fino in fondo',
        'Inserisco le chiavi nel cruscotto',
        'Mi assicuro che il cambio sia in folle',
        'Giro la chiave nel cruscotto',
        'Il motore si avvia',
        'Rilascio la chiave'
    ]
```

Scrivere una classe "ConsoleEngine" che "esegue" (cioè, stampa semplicemente a video) ogni comando che gli è passato dopo un lasso di tempo casuale (scrivere a video l'ora esatta di esecuzione compresi i secondi). Scrivere una classe "RandomSimulator" che eredita da ConsoleEngine e ha un metodo *avvia* che prende in input i comandi (la lista per avviare l'automobile) e li "esegue" utilizzando quando già sviluppato in ConsoleEngine.

CLASSI CONTENITORE

1. Array come collezione

In estrema sintesi, la programmazione OOP consta di tre momenti:

- Progettare delle classi e le relazioni tra di esse
- Creare degli oggetti a run-time
- Mettere gli oggetti in apposite collezioni

Una collezione è anch'essa un oggetto, che ha come scopo quello di mantenere i riferimenti a una lista di oggetti. La differenza tra un array e una collezione, nella OOP, sta nel fatto che nel primo caso conosciamo a priori quanti oggetti vi saranno memorizzati, mentre nel secondo sappiamo solo che saranno più di uno - ma non sappiamo quanti. Detto al contrario: per usare un array occorre sapere quanti oggetti inserirvi a run-time, in tutti gli altri casi si usa una collezione. Proprio perché non si conosce il numero di oggetti in una collezione, solitamente questa ha due metodi: inserisci nella collezione e togli dalla collezione.

In Ruby, in particolare, la classe Array può comportarsi sia da array classico, sia da collezione. Nel secondo capitolo abbiamo già visto come si dichiara e si usa un Array classico:

```
# Un array classico
mio_array = Array.new(10)
mio_array[7] = 2112
puts(mio_array[7])
```

Usiamo le parentesi tonde per indicare la capacità dell'array – cioè quanti elementi contiene – e le parentesi quadre per indicare l'oggetto a una data posizione all'interno dell'array: nell'esempio di sopra prendiamo l'ottavo oggetto su dieci – infatti, il primo oggetto nell'array ha indice uguale a zero, cioè si dice anche che l'array è *zero-based indexed*.

Un altro modo per creare un Array di dimensioni fisse consiste nell'inizializzarlo subito, in questo modo:

```
mio_array = [1,2,3,4,5]
```

Possiamo usare la classe Array anche come collezione, utilizzando i metodi specifici per inserire ed estrarre oggetti, vale a dire:

- push (Inserisce un oggetto in coda alla collezione)
- pop (Prende l'ultimo oggetto inserito nella collezione)

Ad esempio:

```
# Una collezione
mia_collezione = Array.new # non so a priori quanti oggetti
conterra'
for n in (100..999)
  mia_collezione.push(n)  # inserisco un oggetto
end
puts(mia_collezione.pop) # prendo l'ultimo oggetto dalla
collezione
```

Questi due metodi mi permettono di non dovermi preoccupare a priori delle dimensioni dell'Array. Faccio notare che questo approccio ha rivoluzionato in un certo senso il modo di programmare. Prima dell'avvento dell'OOP e delle collezioni, in genere l'operazioni di riempimento a run-time di un array avveniva in due step: nel primo "contavo" quante variabili mi servivano, nel secondo "allocavo" la memoria per contenere queste variabili. Con le collezioni tutto questo diviene superfluo.

La classe Array ci mette a disposizione alcuni metodi notevoli:

- Numero elementi nell'Array: *size*
- Concatenamento di due Array: *+*
- Togliere gli elementi nulli nell'Array: *compact!*
- Toglie dall'Array gli elementi aventi un dato valore: *delete*
- Se l'Array è vuoto: *empty?*
- Restituisce un nuovo Array senza gli elementi duplicati: *uniq*
- Inserire un elemento in coda: *<<* (equivale a *push*)
- Inserire un elemento all'inizio: *unshift*
- Inserire un elemeno in un punto qualunqui: *insert(index, item)*

Come in molti altri linguaggi, in Ruby una stringa è un Array di caratteri. Anzi, siccome in Ruby non esiste tecnicamente un tipo "carattere", una stringa è un Array di stringhe di lunghezza uno.

2. Indicizzazione

Normalmente, per popolare o navigare un Array utilizziamo un numero, che è l'indice dell'oggetto nell'Array stesso. Ruby ha alcune particolarità nella gestione degli indici, che vediamo in un listato:

```
# Indicizzazione
arr = ['h','e','l','l','o',' ','w','o','r','l','d']
print( arr[0,5] ) #=> 'hello'
puts
print( arr[-5,5 ] ) #=> 'world'
puts
print( arr[0..4] ) #=> 'hello'
puts
print( arr[-5..-1] ) #=> 'world'
puts
arr[0] = 'H'
arr[2,3] = 'L', 'L'
arr[4..5] = 'O','-','W'
arr[-4,4] = 'a','l','d','o'
print(arr)
puts
# arr ora contiene:
# ["H", "e", "L", "L", "O", "-", "W", "a", "l", "d", "o"]
```

In questo esempio abbiamo messo nell'Array *arr* una serie di caratteri. Usiamo l'indicizzazione per ottenere gli elementi che ci interessano. In particolare, usiamo lo slice per avere una serie contigua di elementi, e usiamo i numeri negativi per contare gli elementi dell'array invece che dall'inizio, dalla fine, cosicché ad esempio *arr[-5]* è il carattere 'w'.

3. Dizionari o hash

Finora abbiamo visto collezioni in cui a un oggetto viene assegnato un numero, che rappresenta la sua posizione all'interno della
collezione. Ora parliamo di collezioni in cui l'oggetto viene associato
a un "nome", o più genericamente, a un altro oggetto. Questo tipo di
collezioni si chiamano Dizionari, oppure in Ruby ed altri linguaggi:
"Hash".

Tipicamente, l'uso di questo tipo speciale di collezioni, riguarda
quei casi in cui vogliamo dettagliare una relazione chiave-valore, appunto come accade in un normale dizionario, dove la chiave è la parola cercata e il valore la definizione. Ad esempio, le pagine gialle as-
sociano alla chiave "Ragione Sociale" dell'attività, il valore: numero
di telefono e indirizzo.

Per utilizzare un dizionario, occorre istanziare un nuovo oggetto
di tipo Hash, e poi assegnargli i suoi elementi, cosa che può essere
fatta in due modi diversi:

```
# Un dizionario
mio_dizionario = Hash.new
mio_dizionario['rosso'] = 2311
mio_dizionario['grigio'] = 2301
mio_dizionario['blu'] = 1210
puts("rosso = #{mio_dizionario['rosso']}")

# Un altro dizionario
hotel = { 'stanza 11' => 'Chiave 111',
          'stanza 22' => 'Chiave 112',
          'stanza 33' => 'Chiave 113' }
```

```
stanza = 'stanza1'
puts("Ha prenotato la #{stanza}, prenda la #{hotel[stanza]}")
```

Un dizionario è dunque composto da due oggetti: la *chiave* e il *valore*. La chiave, ossia l'oggetto fa da indice per la collezione e sta tra parentesi quadre, può essere una variabile di qualsiasi tipo, basta che il suo valore sia unico all'interno del dizionario. Se assegnamo due chiavi uguali, l'ultima assegnazione sostituisce la precedente. Il secondo oggetto, il valore, può invece essere qualsiasi variabile con qualsiasi valore. Questa coppia *chiave-valore* ci dà un'idea del perché la collezione si chiama Dizionario. Attenzione alla sintassi:

```
hotel = { 'stanza1' => 'Chiave 111',
          'stanza2' => 'Chiave 112',
          'stanza3' => 'Chiave 113' }
```

Perché la ritroveremo, soprattutto in Rails, associata ai *Symbol*. Questo utilizzo degli hash è particolare, e assomiglia a quello che in altri linguaggi si chiama "named parameters" (parametri con nome). Invece che passare un parametro qualunque, e non riuscire a capire di cosa si tratta, in Ruby troveremo spesso

```
miafunzione( :nomepersonaggio => 'Pippo' )
```

Il fatto che si siano usati i due punti davanti al nome della variabile indica che "nomepersonaggio" è un *simbolo* - ovvero, eredita dalla classe *Symbol* e non è una stringa. Dal punto di vista logico, la cosa è uguale: usare un simbolo, solamente, ci fa risparmiare memoria. D'ora in avanti, se vedrete una variabile con i due punti davanti, sappiate che è un'istanza di Symbol, perciò un *simbolo*, o in altre parole, un "nome" che ha caratteristiche di identificatore.

4. Iteratori

Avere delle collezioni di oggetti popolati ci pone davanti a un dilemma: come facciamo a pescare nella collezione gli oggetti che ci interessano, dal momento che non possiamo sapere, a priori, che posizione hanno all'interno della collezione? In altre parole: come è possibile utilizzare solo e soltanto gli oggetti che ci interessano nelle collezioni?

La soluzione è semplice ma efficace: cicliamo su tutti gli oggetti della collezione e testiamo la condizione che ci consente di dire se l'oggetto è utile oppure no. Gli iteratori sono particolari costrutti che hanno lo scopo di ciclare su tutti gli elementi della collezione. In Ruby, l'iteratore per eccellenza è il costrutto *for*, che abbiamo già visto nel capitolo 2.

Vi domanderete se sia efficace ciclare su tutti gli oggetti di una collezione per trovare quello che ci serve. Questa è un'ottima domanda. In linea di massima, se uno ha bisogno di performance estreme, dovrebbe evitare questo tipo di approccio; però lasciatemi dire che se uno vuole performance estreme, ben difficilmente sceglierà Ruby. Oltre a questo, considerate che gli iteratori sono oggetti progettati per essere performanti: esistono in tutti i linguaggi ad oggetti, e hanno generalmente ottime performance. Un'ulteriore considerazione riguarda i numeri: un conto è ciclare su centinaia di oggetti, o su migliaia, il che è quasi sempre un'operazione molto veloce, oppure ciclare su centinaia di milioni di oggetti. Ultima considerazione: se cicliamo con un iteratore per cercare un valore o un gruppo di valori noti a priori, è prassi "uscire" dal ciclo di iterazione non appena il valore o gruppo di valori è stato trovato.

Un esempio, come sempre, ci aiuterà a capire meglio. Supponiamo di generare una lista di centomila numeri a caso, e di voler sapere quali di questi numeri sono divisibili esattamente per diciassette. Un programma in Ruby ci può essere d'aiuto:

```ruby
def createCollectionOfNumbers(items)
  numeri = Array.new
  puts("Popolo la collezione...")
  for j in (1..items)
     numeri.push(rand(1000))
  end
  puts("Ok, ho finito")
  return numeri
end


INTERI_NELLA_COLLEZIONE = 100000

beginning = Time.now
numeri = createCollectionOfNumbers(INTERI_NELLA_COLLEZIONE)
numeri_divisibili_per_diciassette = 0
for n in numeri # Iteratore
   if (n % 17 == 0)
     numeri_divisibili_per_diciassette += 1
   end
end

print("I numeri divisibili per 17 nei #{INTERI_NELLA_COLLEZIONE}
creati sono: ")
puts(numeri_divisibili_per_diciassette)
puts "Tempo di esecuzione #{Time.now - beginning}: secondi"
```

Questo è un pattern di programmazione standard, vale a dire un modo comune per risolvere una problematica di programmazione:

- Genero gli oggetti a run-time (ricordiamoci che in Ruby un numero è un oggetto)
- Metto gli oggetti in una collezione
- Itero la collezione per estrarre gli oggetti interessanti o per elaborarli in qualche modo

Sul mio PC portatile, l'esecuzione con INTERI_NELLA_COLLE-ZIONE uguale a centomila viene eseguito in 0,4 secondi. Se porto il valore a dieci milioni, il tutto viene eseguito in 3,4 secondi.

5. Ciclo di vita degli oggetti nelle collezioni

Creare un oggetto a run-time significa, di fatto, allocare della memoria per quell'oggetto. È possibile creare collezioni con molti oggetti, al limite in numero infinito? Se c'è un modo per allocare la memoria, c'è anche un modo per de-allocarla?

La risposta alla prima domanda è sì, alla seconda no.

In realtà possiamo creare tanti oggetti quanti ce ne stanno in memoria: superato questo limite, che dipende sia dalla macchina su cui stiamo eseguendo Ruby, sia dalla particolare implementazione di Ruby, otterremo un'eccezione di overflow.

Infatti in Ruby non ci si deve preoccupare di deallocare un oggetto: lo fa per noi il Garbage Collector - *Ruby: GC* - un meccanismo che permette di tenere in memoria solo gli oggetti "vivi", cioè quelli che servono davvero, mentre dealloca automaticamente gli oggetti che non servono più. In Ruby, qualsiasi programma utilizza la Garbage Collection, e non è possibile non utilizzarla o utilizzare un meccanismo alternativo personalizzato. Le meccaniche di funzionamento della GC, e come possiamo influenzarlo, però, sono argomenti

troppo avanzati per questo libro di base. Ci basti sapere che le collezioni hanno capacità virtualmente illimitata, e che, in Ruby, non esiste il concetto di "distruzione" o "deallocazione" di un oggetto.

Esercizi

1. Scrivere un programma che stampa la tabellina del 6, in una sola
linea di codice.

2. Creare una classe "Impiegato" con le proprietà: Nome, Età, Competenze (quest'ultimo un'array di stringhe). Creare a run-time dieci
oggetti di classe "Impiegato", con valori delle proprietà casuali. Stampare a video il nome e le competenze degli "impiegati" con più di 32
anni di età.

3. Creare un Dictionary di alcuni cognomi, la cui chiave è il nome, ad
esempio:

```
('Hal', 'Robotti')
('Renzo', 'Piano')
('Giuliana', 'Pini')
('Annalisa', 'Ferrari')
```

Stampare la lista dei nomi e cognomi, in ordine alfabetico, prima il
cognome, poi il nome.

CENNI DI PROGRAMMAZIONE FUNZIONALE

1. Funzioni di funzioni

La programmazione funzionale (FP) è quel paradigma di programmazione che mi permette di definire una "funzione" che si può applicare ai metodi e alle funzioni esistenti nel codice. O meglio, posso scrivere dei metodi che accettano come parametri altri metodi - o, più in generale, blocchi di codice sorgente.

La programmazione funzionale è un paradigma di programmazione alternativo a quelli tradizionali – che, come abbiamo visto, possono essere la programmazione strutturale o imperativa o la programmazione a oggetti – che fu inventato, col nome di "calcolo lambda", da Alonso Church negli anni trenta, ben prima cioè che si sapesse esattamente cosa fosse un computer.

Gli studi di Church servirono come base allo sviluppo del linguaggio di programmazione *Lisp*, e poi furono quasi del tutto abbandonati, poichè si affermò la programmazione imperativa dei computer, che generò il *Basic*, il *Pascal*, il *C*, e poi la programmazione ad oggetti, con *C++* e *Java*.

L'idea base del calcolo *lambda* è che un programma per computer può essere espresso, invece che con una serie di istruzioni imperative - fai questo, poi fai questo, poi fai quest'altro - con una serie di funzioni i cui parametri sono altrettante funzioni. Un programma funzionale è normalmente composto da una funzione che prende in input un'altra funzione che prende in input un'altra funzione e così via. Questo fa sì che mentre un programma tradizionale, scritto con un paradigma imperativo o a oggetti, è composto da una serie di comandi che agiscono su delle variabili il cui valore rappresenta lo "stato" del programma, nella programmazione funzionale il concetto stesso di variabile non esiste - non esiste il concetto di "stato" - e l'esecuzione è affidata a una serie di funzioni di funzione che agiscono su costanti.

L'interesse per i linguaggi funzionali si è perso nel tempo per alcuni motivi, tra cui soprattutto la difficoltà di apprendimento - normalmente un essere umano pensa per oggetti, piuttosto che per funzioni innestate, a meno che non sia un matematico! A questo si aggiunse la difficoltà a reperire interpreti o compilatori funzionali efficienti.

Oggi questo interesse si è però risvegliato, perchè la programmazione funzionale porta con sè una conseguenza assai preziosa: essa non può per definizione dare luogo a malfunzionamenti a run-time.

In altre parole: una volta compilato il programma e risolti i suoi errori di compilazione, a partire dalla prima esecuzione questo o funziona o non funziona. Non può comportarsi in modi non prevedibili a priori - in un programma funzionale, infatti, non esiste il concetto di eccezione. Così sono nati e stanno prosperando alcuni linguaggi funzionali - più o meno puri, quindi con più o meno supporto alla programmazione tradizionale - quali: *ML/OcaML, Haskell, F#*.

Ruby non è un linguaggio funzionale, ma adotta alcune tecniche di programmazione funzionale che ci possono aiutare a formulare algoritmi più sintetici, più potenti e più efficaci. Oltre che, solitamente, di più facile lettura.

Per capire come possiamo scrivere seguendo il paradigma funzionale in Ruby, però, dobbiamo capire come è possibile associare una funzione ad una variabile e come fare a passarla come parametro ad un'altra funzione.

Come è facile immaginare, solamente un linguaggio di programmazione funzionale puro è esente da malfunzionamenti a run-time. In Ruby, questo risultato è ben difficilmente raggiungibile. È possibile però scrivere parti del progetto in logica strettamente funzionale, senza mantenere alcuno stato interno, riducendo drasticamente la probabilità di errori durante l'esecuzione.

2. Procedure (procs)

Abbiamo imparato a conoscere i "blocchi" nel capitolo dedicato alle strutture condizionali. I blocchi sono molto pratici da usare e sintatticamente semplici, ma gli manca qualcosa per poter essere riutilizzabili: gli manca la possibilità di essere associati a un nome. In effetti, 'proc' – che sta per 'procedura' - è proprio questo: la possibilità cioè di individuare un blocco di codice e assegnarlo a una variabile dandogli un nome. Se prendiamo come esempio lo stesso blocco definito in precedenza, per associarlo ad una variabile ed eseguirlo potremmo scrivere:

```
procedura_uno = Proc.new  do
    puts "Questo È un blocco"
    puts "composto da due comandi"
end

procedura_uno.call
```

Infatti, un oggetto di tipo Proc ha un metodo 'call' che serve per eseguirlo. È possibile anche specificare dei parametri da passare alla procedura, ad esempio:

```
procedura_due = Proc.new do |x|
  puts "Hai passato il valore " + x.to_s
end

procedura_due.call 2
```

Così, come si vede, la differenza tra blocchi e Procs è che un blocco è una Proc che non può essere riutilizzata, e come tale, è una soluzione che si può usare solo una volta. Lavorando con Procs, siamo in grado invece di salvare una procedura per usarla in seguito, o, nella logica della programmazione funzionale, passarla come parametro ad una funzione:

```
def miaFunzione(procedura)
    puts "ESEGUO LA PROCEDURA:"
    procedura.call
end

miaFunzione procedura_uno
```

3. Funzioni Lambda

Esistono in Ruby anche le funzioni *lambda*, in onore al calcolo Lambda di Alonso Church.Possiamo riscrivere l'esempio di cui sopra in questo modo:

```
procedura_uno = lambda do
    puts "Questo è un blocco"
    puts "composto da due comandi"
end

procedura_uno.call
```

Sembrerebbe dunque a prima vista che la parola chiave "lambda" sia zucchero sintattico per esprimere una Proc. Questo è vero, infatti lambda e procs definiscono oggetti di tipo Proc. Però qualche sottile differenza esiste:

- lambda controlla il numero di argomenti passati, proc no
- se si usa "return" all'interno di una funzione lambda, il codice eseguito passa all'istruzione successiva, mentre proc esce

4. Metodi funzionali *each* e *map*

Nelle API standard di Ruby esistono molti metodi che di fatto sono applicazioni della programmazione funzionale. I più usati sono *each* e *map*. Il metodo *each*, già visto quando abbiamo parlato di iteratori, fa iterare un array o una collezione di oggetti, associa al singolo oggetto in iterazione un nome di variabile e poi applica a questo nome una funzione descritta in un *block*. Come abbiamo detto, questa capacità di applicare funzioni come parametri di metodi esistenti è il cuore della programmazione funzionale.

Vediamo un esempio:

```
[1, 2, 3].each { |e| puts(e+1) }
```

In questo esempio noi semplicemente stampiamo ogni numero presente nell'array originale aggiungendogli 1.

È come se avessimo scritto la funzione: "Per ogni *e* che va da 1 a 3, stampa e+1", e la funzione che passiamo al metodo "each" è quella compresa tra le parentesi graffe -il *block*.

Possiamo anche scrivere la funzione da passare come funzione *lambda*:

```
mia_funzione = lambda { |e| puts(e+1) }
```

Per richiamare il codice associato a una funzione *lambda*, occorre pre-pendere al nome della variabile cui è associato una e commerciale: ad esempio, il codice sotto esegue la stessa iterazione vista sopra:

```
[1, 2, 3].each &mia_funzione
```

Il metodo gemello di *each* è *map*. *map* applica a ciascun elemento di un array o di una collezione una certa funzione, come *each*, ma dopo crea un array che contiene i valori di ritorno del blocco passato in input. In sostanza, è come se all'array iniziale fosse applicata una trasformazione data da una certa funzione.

La potenza dei metodi FP di Ruby ci fa dire che scrivere un iteratore quando abbiamo una collezione di oggetti, oltre che a essere molto poco "Rubesco", è una perdita di tempo. Supponiamo infatti di voler stampare i risultati di una certa operazione su di un Array. La prima cosa che ci viene in mente di fare potrebbe essere:

```
# Uso di un iteratore custom
mio_array = [12, 11, 43, 54, 50, 21]
for numero in mio_array
    risultato = numero * 12/ 4
    puts(risultato)
end
```

Mentre potremmo in modo senz'altro più conciso applicare i concetti della FP utilizzando "map":

```
# Stessa cosa con la FP
```

```
mio_array.map { |numero| puts(numero*12/4) }
```

Infine, è possibile iterare anche un dizionario (Hash), con questa sintassi:

```
indirizzi.each { |chiave, valore| print chiave + ' = ' + valore + "\n" }
```

Ad esempio:

```
# Un Dictionary o Hash
indirizzi = { 'Rossetti' => 'via Reno, 12',
              'Marongi' => 'viale Calabria, 24/B',
              'Sellano' => 'corso Europa, 112' }
indirizzi.each {
  |chiave, valore| print chiave + ' abita in ' + valore + "\n"
}
```

5. Stili di programmazione a confronto

Per finire, un piccolo esempio su come un banale esercizio di programmazione possa essere risolto con la programmazione imperativa, con quella ad oggetti o con quella funzionale.

Supponiamo di avere una lista di interi e di voler costruire una lista dei soli numeri pari presenti in questa lista iniziale.

Supponiamo di avere definito un array 'a' in cui abbiamo gli interi di partenza, un array 'b' vuoto che andremo a popolare con i numeri pari e una funzione che stampa a video un array:

```
# Stampare i numeri pari in una lista
a = [2,7,5,4,13,22,33,43,50]
b = []

def printArray(arr)
  for x in arr
    print x
    print ','
  end
  puts
end
```

Cominciamo con la programmazione tradizionale, o imperativa. In questo caso diciamo passo per passo al calcolatore cosa intendiamo fare. Ad esempio:

```
# Programmazione imperativa
for x in a
  if x % 2 == 0
    b << x
  end
end
printArray(b)
```

Nella programmazione a oggetti, invece, creeremo dei nuovi tipi (classi) che hanno il compito, a run-time, di risolvere il problema. Possiamo pensare di risolvere con due classi di oggetti: una che dice se un numero è pari, e l'altra che popola un array a partire da un altro array dato.

```
# Programmazione a oggetti
class CheckNumber
  def initialize(num)
    @_num = num
  end
```

```
  def isPair?
    return @_num % 2 == 0
  end
end

class CheckArray
  def self.getPairArray(arr)
    b = []
    for i in arr
      cn = CheckNumber.new(i)
      b << i if cn.isPair?
    end
    return b
  end
end

printArray CheckArray.getPairArray(a)
```

Infine, con la programmazione funzionale, possiamo pensare di passare all'array iniziale una funzione che stabilisce il criterio di selezione degli interi e il cui risultato è un array – come abbiamo visto, normalmente nella programmazione funzionale si tratta di applicare funzioni ad una collezione iniziale e quindi di associare il risultato ad una nuova collezione:

```
# Programmazione funzionale
b = a.select { |k| k % 2 == 0 }
printArray(b)
```

Da questi tre esempi possiamo ricavare alcune interessanti riflessioni.

La prima è che Ruby è un linguaggio che supporta pienamente i tre paradigmi di programmazione, e soprattutto non obbliga il programmatore a sceglierne uno. Possiamo scegliere se utilizzarne uno, oppure due o tre miscelati fra loro, a seconda delle necessità.

Un'altra riflessione riguarda la natura degli stili di programmazione. Il primo, quello tradizionale, porta con sé una relativa facilità di scrittura e di comprensione e ben si adatta ad ambiti limitati, come ad esempio lo scripting di funzionalità sistemistiche, ad esempio DevOps.

Il secondo stile, quello a oggetti, comporta mediamente la scrittura di un numero di linee di codice superiore alla media. Il vantaggio che se ne ricava è quello della riutilizzabilità. Il codice a oggetti, sotto forma di classi e collezioni di oggetti a run-time, ben si presta a essere riutilizzato, se è stato scritto in maniera sufficientemente generale. Ora, l'esempio che abbiamo fatto era molto banale, e la programmazione a oggetti forse un po' esagerata per rispondere a quel requisito, ma di norma scrivere codice a oggetti favorisce la riutilizzabilità del codice e la sua manutenibilità, cioè la capacità di un codice sorgente di essere adattato e modificato. Normalmente si adotta per grandi progetti, dove sono coinvolte molte persone a diverso titolo: sviluppatori, tester, analisti funzionali e via dicendo.

Infine, il terzo stile, quello funzionale, di solito è il più sintetico. Anche se non tutti i problemi di programmazione possono essere risolti facilmente con questo paradigma, nel caso in cui vi si riesca, si ottiene un codice compatto e di facile lettura. Nel nostro caso, abbiamo applicato all'array esistente, attraverso il metodo di libreria 'select', una funzione che restituisce un valore solo se questo è pari. Abbiamo poi associato al risultato un nuovo array. La programmazione funzionale ben si applica a quei contesti dove la parte dell'algoritmo di un programma

Esercizi

1. Scrivere, in stile funzionale, un programma che genera una lista di cinquanta numeri a caso tra uno e cento.

2. Senza aggiungere NESSUNA variabile, scrivere del codice Ruby che dice quanti dei numeri generati nell'esercizio 1 sono inferiori al numero 50.

```
[ arr.reject! { |k| k<50 }  ]
```

3. Scrivere una funzione Ruby che prende in input un numero e, se questo è pari, lo divide per due, altrimenti lo lascia così com'è. Applicare questa funzione, usando un paradigma funzionale, alla lista di numeri casuali generata nell'esercizio 1. Usare un numero minimo di variabili, e se possibile, nessuna variabile.

OPERAZIONI DI INPUT/OUTPUT

1. Leggere da disco

Nessun programma che abbia l'ambizione di servire a qualcosa può fare a meno di leggere o scrivere su sistemi dove il dato possa persistere, come ad esempio hard disk, cd-rom, nastri, oppure anche un risorse su Internet, come DropBox, Google Drive, OneDrive e via dicendo. È possibile salvare i nostri dati in modo destrutturato, utilizzando dei semplici file, oppure strutturato, usando un database. In questo capitolo ci occupiamo della lettura e della scrittura di file, altrimenti dette operazioni di input/output (I/O).

A differenza di altri linguaggi più a basso livello, Ruby mette a disposizione comandi molto semplici per effettuare le operazioni di input e output da disco, a discapito della loro universalità. Però questi comandi sono quello che serve per la stragrande maggioranza dei casi. Come ci saremmo aspettati, esiste una classe apposita per l'I/O in Ruby, che si chiama appunto *IO*. Le classi che utilizzeremo noi nella maggior parte dei casi, sono la *File* e la *BasicSocket*. Entrambe sono sottoclassi di IO. Cominciamo con il caso più semplice, che è quello della lettura da disco.

Naturalmente, per *disco* qui intendiamo il caso più frequente, cioè quello di un disco fisso locale. Ovviamente possiamo scrivere su qualsiasi periferica scrivibile che il sistema operativo è in grado di mappare come parte del file system, e quindi *chiavette USB, nastri, dispositivi ottici, LAN, remote storage* e via dicendo.

```
mioFile = File.new("C:\\temp\\build.xml")
mioFile.each_byte { |ch| putc ch }
mioFile.close
```

Poniamo il caso che esista un file di nome build.xml in una directory temporanea. Creiamo allora nel nostro codice un oggetto "mio-File" di classe File. Questo oggetto ha un metodo (*each_byte*) che ci consente, iterando su un blocco, di leggere un file caratttere per carattere. Notate anche che, siccome stiamo lavorando su Windows e i nomi dei file contengono backslash, per utilizzarli li dobbiamo "ripetere" nella stringa che indica il *path* al file. Alla fine delle operazioni di lettura dobbiamo ricordarci di chiudere il file. Esiste un metodo più semplice per utilizzare un oggetto File, che prende a prestito l'idea del blocco già vista quando parlammo degli iteratori:

```
File.open("C:\\temp\\build.xml", 'r') do |mioFile|
    mioFile.each_byte { |ch| putc ch }
end
```

La classe *File*, infatti, mette a disposizione un metodo *statico* (cioè associato alla classe stessa, non all'istanza della classe, ma ne parleremo) che si chiama *open* e prende in input una funzione anonima, qui definita in un blocco. Notate che abbiamo passato come secondo parametro il carattere 'r' che significa che il file lo apriremo in sola lettura. Naturalmente, spesso non è una buona idea leggere un file carattere per carattere: molto meglio leggerlo linea per linea:

```
File.open("C:\\temp\\build.xml", 'r') do |mioFile|
    mioFile.each_line { |linea| puts(linea) }
end
```

Non tutti i file, ovviamente, contengono al loro interno del testo. Normalmente i file contengono strutture dati binarie, non direttamente leggibili con un editor di testo, e questi file si dicono 'binari'. Possiamo leggere un file binario in questo modo:

```
mioBinario = File.new("C:\\temp\\HighScores.bin", "rb")
buffer = ""
filecontents = ""
until mioBinario.eof? do
    filecontents += mioBinario.read(32, buffer)
end
mioBinario.close

filecontents.each_byte do |ch|
    printf("0x%.2x ", ch)
end
```

Qui ci sono da notare un po' di cose. Prima di tutto leggiamo il file come si fa normalmente nella pratica, quando si hanno file molto grandi: lo leggiamo con una cache - nel nostro caso solo 32 byte per volta. Abbiamo aperto il file in modalità binaria (la b in 'rb'). Infine abbiamo stampato il file in formato esadecimale: per farlo abbiamo adottato il modificatore di stampa %x, cui abbiamo aggiunto .2 per dire che ogni cifra esadecimale dovrà avere esattamente due cifre, e se ne ha solo una di mettere davanti uno zero.

2. Scrivere su disco

Le operazioni di scrittura su disco sono analoghe a quelle di lettura. Anche qui, apriremo il file con il metodo *new* oppure con il metodo *open*, passando però "w" come modo di apertura del file, per indicare che dobbiamo scrivere - si veda la documentazione della classe IO per una descrizione di tutti i possibili modi di apertura di un file. Dopo aver creato il file, possiamo scriverci dentro sia con le funzioni *print* e *puts*, come se fosse una console, sia con le funzioni di *write*, tipiche della classe File. Ad esempio:

```
#!/usr/bin/env ruby

$nomefile = "prova.txt"
$contenutofile = "Questo è il contenuto del file!"

# Scrive il file
def scriviFile(nome, contenuto)
  print "Scrivo il file "
  File.open(nome, 'w+') do |ilfile|
    print ilfile.path << "...\n"
    ilfile.puts(contenuto)
  end # chiude automaticamente
  puts "Fatto"
end

# Legge il file
def leggiFile(pathFile)
  print "Leggo il file " << pathFile << "...\n"
  File.open(pathFile, 'r') do |ilfile|
    ilfile.each_line { |l| puts(l) }
  end
  puts "Fatto"
end

scriviFile($nomefile, $contenutofile)
leggiFile($nomefile)
```

Qui c'è da notare che ho preferito utilizzare il metodo *open*, che, ricordo, utilizza la programmazione funzionale per applicare la funzione in blocco sul file aperto. Scrivo nel file il contenuto della variabile globale *contenutofile*. Poi, per verificare che le operazioni di scrittura sono state effettuate correttamente, leggo il file con la tecnica vista in precedenza.

L'utilizzo del metodo *open* garantisce che, all'uscita del blocco, il file verrà automaticamente chiuso. Se invece avessi usato il metodo *new* per instanziare il file, mi sarei dovuto ricordare di chiuderlo con *close*.

3. Formati di salvataggio dati

Naturalmente non sempre avremo la necessità di scrivere file di testo. Molto spesso dovremo invece salvare dati più o meno complessi, ad esempio per implementare delle cache su disco, o serializzare dei dati, o ancora persistere lo stato del nostro programma. Se quindi invece che salvare su disco una stringa salviamo un altro "tipo", Ruby come si comporta? Possiamo scrivere un esempio per testare cosa accade:

```ruby
#!/usr/bin/env ruby

$nomefile = "prova.bin"

class DatoComplesso
  def initialize(nome, cognome, anni, mestiere)
    @dcnome = nome
    @dccognome = cognome
    @dcanni = anni
    @dcprofessione = mestiere
  end

  def to_s
    return "#{@dcnome} #{@dccognome}, #{@dcanni} anni,
         mestiere: #{@dcprofessione}"
  end
end

# Scrive il file
def scriviFile(nome, contenuto)
  print "Scrivo il file "
  File.open(nome, 'w+') do |ilfile|
    print ilfile.path << "..."
    ilfile.write(contenuto)
  end # chiude automaticamente
```

```ruby
  puts "Fatto"
end

# Legge il file
def leggiFile(pathFile)
  print "Leggo il file " << pathFile << "..."
  File.open(pathFile, 'r') do |ilfile|
    ilfile.each_line { |l| puts(l) }
  end
  puts "Fatto"
end

dato = DatoComplesso.new("John","Travolta", 46, "Attore")
puts "Provo a scrivere: #{dato.to_s}"
scriviFile($nomefile, dato)
leggiFile($nomefile)
```

Il risultato che otteniamo a video sarà:

```
Provo a scrivere: John Travolta, 46 anni,
                 mestiere: Attore
Scrivo il file prova.bin...Fatto
Leggo il file prova.bin...John Travolta, 46 anni,
                 mestiere: Attore
Fatto
```

Se apriamo il file 'prova.bin' che abbiamo appena salvato con un editor di testo, scopriamo una cosa singolare.

All'interno del file, in chiaro, c'è la rappresentazione stringa (*to_s*) dell'oggetto istanziato. Questo risultato ci appare piuttosto strano e non in linea con quanto ci saremmo aspettati. Perché in realtà, se dico all'interprete Ruby di salvarmi un generico "oggetto", mi sarei aspettato che questo salvasse "in qualche modo" proprio quell'oggetto, lo "serializzasse", come si dice in altri linguaggi, in modo che io possa caricarlo da disco in un secondo momento e ottenerlo così com'era al momento del salvataggio. Invece lui salva la rappresenta-zione stringa di quell'oggetto, utile certo per avere una descrizione dell'oggetto, ma completamente inutile se noi vogliamo ricostruire l'oggetto da disco.

In altri linguaggi, C++ e Java su tutti, le librerie di serializzazione mi permettono di congelare su disco un oggetto (e tutti i suoi padri) con un semplice comando. Anche in Ruby questo è possibile, utiliz-zando un linguaggio chiamato YAML (*YAML Ain't Markup Language*).

4. YAML

L'obiettivo della serializzazione è quello di "fotografare" lo stato di un oggetto e persisterlo in qualche modo: normalmente, salvan-dolo sul disco. Siccome un oggetto è normalmente rappresentabile come un dizionario di chiavi con i relativi valori – che sono gli attri-buti dell'oggetto, il formato dati migliore per salvarlo deve essere un linguaggio che supporti l'associazione chiave-valore, ad esempio:

Cognome	Travolta
Nome	John
Professione	Attore

che è precisamente il formato dei file di configurazione *.ini, che spopolavano sui primi sistemi Windows.

YAML (si legge "uaiemel") è un linguaggio progettato per esprimere in modo semplice proprio una collezione di chiave-valori, e per essere leggibile con eguale facilità da una macchina e da un essere umano.

Sebbene molto utilizzato in Ruby, YAML non è un'esclusiva di Ruby: è piuttosto un formato standard supportato da tutti i linguaggi moderni, tra cui, oltre a Ruby, Python, C++, C#, Java e via dicendo.

YAML è ottimizzato per la serializzazione dei dati, per il salvataggio di file di configurazione e i messaggi su Internet. Attenzione che, come dice il nome stesso, YAML non è un linguaggio di markup, come HTML! In altre parole, YAML non è un linguaggio XML. Essendo però un formato tabellare, è facilmente convertibile in XML, ed esiste uno stylesheet XSLT pronto per farlo.

La buona notizia è che qualsiasi oggetto in Ruby è descrivibile in qualsiasi momento come una stringa YAML, e quindi essere salvato come un file YAML. Tornando all'esempio di prima:

```ruby
require 'yaml'

$nomefile = "prova.yaml"

class DatoComplesso
  def initialize(nome, cognome, anni, mestiere)
    @dcnome = nome
    @dccognome = cognome
    @dcanni = anni
    @dcprofessione = mestiere
  end

  def to_s
    return "#{@dcnome} #{@dccognome}, #{@dcanni} anni, mestiere:
#{@dcprofessione}"
  end
end

# Scrive il file
```

```
def scriviFile(nome, oggetto)
  print "Scrivo il file "
  File.open(nome, 'w+') do |ilfile|
    print ilfile.path << "...\n"
    ilfile.puts(oggetto.to_yaml)
  end # chiude automaticamente
end

# Legge il file
# Ritorna un oggetto con il file
def leggiFile(nomefile)
  input_data = File.read($nomefile)
  return YAML::load(input_data)
end

puts('Creo un oggetto e lo serializzo con YAML...')
dato = DatoComplesso.new('Antonio', 'De Curtis', 66, 'Attore')
scriviFile($nomefile, dato)
puts('Fatto.')

puts("Leggo l'oggetto da disco")
dato = leggiFile($nomefile)
puts("Oggetto letto: " + dato.to_s)
```

Questo programma utilizza la libreria 'yaml', la quale fornisce i metodi di lettura e scrittura yaml di un oggetto. Naturalmente, il metodo che descrive un oggetto come una struttura yaml è un metodo di istanza, mentre il metodo che a partire da una stringa yaml crea l'oggetto è un metodo di classe:

```
YAML::load
```

Il programma, eseguito, darà questo output:

```
Creo un oggetto e lo serializzo con YAML...
Scrivo il file prova.yaml...
Fatto.
Leggo l'oggetto da disco
Oggetto letto: Antonio De Curtis, 66 anni, mestiere: Attore
```

Se apriamo il file 'prova.yaml' appena creato, vediamo che al suo interno contiene una struttura yaml perfettamente leggibile:

```
--- !ruby/object:DatoComplesso
dcnome: Antonio
dccognome: De Curtis
dcanni: 66
dcprofessione: Attore
```

Ricapitolando, abbiamo utilizzato un metodo statico della classe YAML per caricare da disco il file che avevamo salvato in precedenza con il metodo to_yaml. Vorrei far notare due cose.

Primo. La definizione della classe *DatoComplesso* deve essere disponibile al momento del caricamento da disco, questo perché non si tratta di una vera serializzazione - cioè non esiste nel file la descrizione anche della classe cui l'oggetto appartiene. Altrimenti l'oggetto verrebbe costruito come un qualsiasi oggetto di classe Object.

Secondo, che discende dal primo. Siccome in pratica YAML non fa che salvare le proprietà di un oggetto, i metodi dell'oggetto possono essere cambiati anche *dopo* aver salvato l'oggetto. Se infatti, la classe che definiva l'oggetto al tempo del suo salvataggio è cambiata rispetto a quella che descrive l'oggetto quando questo viene caricato da disco, il programma continua a funzionare. Questo discende dalla proprietà di Ruby di non legare strettamente gli oggetti al loro tipo. Tecnicamente parlando, infatti, basta che l'oggetto serializzato abbia le stesse proprietà di quando fu salvato la prima volta: i metodi sono ininfluenti nell'operazione.

5. Operazioni comuni sui file

La gran parte delle operazioni comuni su file, o su directory, vengono compiute con l'aiuto della classe di libreria "File".

Prima però occorre fare una considerazione importante. Ruby, pur essendo un linguaggio "general purpose", con cui cioè si può costruire qualsiasi tipo di applicazione, è un linguaggio di scripting specializzato nella creazione di algoritmi e procedure complesse. È un altro genere di compito, rispetto alla manipolazione degli oggetti del sistema operativo, compito per i quali sono specializzati i linguaggi di shell (su Windows, ad esempio, Windows Scripting Host, e su Unix o Linux, i linguaggi SH, BASH, CSH e via dicendo). Se dunque il nostro obiettivo è quello di scrivere un programma che faccia in maggior parte operazioni su file o su directory, il linguaggio giusto dovrebbe essere uno di quelli citati in precendeza. Oppure ancora, è possibile mischiare i linguaggi per avere una soluzione ibrida: una parte in Ruby che gestisce gli algoritmi complessi e una parte in BASH, ad esempio, che gestisce le operazioni sui file - e richiama il file in Ruby perché non dimentichiamo che uno script in Ruby è esso stesso un comando di shell. Detto questo, capita molto spesso di dover eseguire operazioni sugli oggetti del sistema operativo, come ad esempio la copia di un file, la creazione di una directory, o il test sull'esistenza di un file.

Va fatta una considerazione importante, però. Se da una parte Ruby è un linguaggio portabile su qualsiasi sistema operativo, in particolare Windows, MacOS e Linux, dall'altra le operazioni legate al sistema operativo e ai file sono intimamente connesse col sistema sottostante e possono variare significativamente da un sistema operativo all'altro. Per fare un esempio banale, su Windows non avremo la gestione complessa dei permessi sul singolo file che abbiamo invece in Linux.

Ecco quindi una veloce carrellata sulle funzioni disponibili. Rimando comunque alla documentazione della classe File per una trattazione esaustiva.

Occorre pertanto limitare le parti di programma direttamente connesse alla gestione e manutenzione dei file, demandando queste a strumenti appositi.

- **COPIA DI UN FILE**

```
File.copy('file_esistente.xxx', 'copia.xxx')
```

- **CANCELLAZIONE DI UN FILE**

```
File.delete('file_da_cancellare.xxx')
```

- **CANCELLAZIONE DI UNA DIRECTORY**

```
Dir.delete('directory_da_cancellare')
```

- **CAMBIO DIRECTORY (cd, chdir)**

```
Dir.chdir("C:\\temp")
```

• TEST: QUESTO FILE È UNA DIRECTORY?

```
if File.directory?('nome_directory') ...
```

• TEST: IL FILE ESISTE?

```
if File.exist?('nome_file.xxx') ...
```

• CREAZIONE DI UNA DIRECTORY

```
File.makedirs '/usr/lib/ruby'
#crea le seguenti directory se gia' non esistono:
# /usr
# /usr/lib
# /usr/lib/ruby
#Oppure:
Dir.makedir 'nomedirectory'
#crea la directory nomedirectory.
```

• TEST: IL FILE HA DIMENSIONI NULLE?

```
if File.zero?('nome_file.xxx') ...
```

Esercizi

1. Con un editor esterno, creare un file e inserirvi del testo. Scrivere un programma in Ruby che stampa a video il contenuto di quel file.

2. Continuando l'esercizio precedente, scrivere un file che copia, riga per riga, il file di testo in un altro file.

3. Scrivere un programma in Ruby che crea dieci file, nominati '1.txt', '2.txt' e via dicendo fino a '10.txt'. All'interno di ciascuno di questi file, scrivere la relativa tabellina di moltiplicazione fino al 10. Ad esempio, nel file 3.txt sarà presente questo testo: 3x1=3, 3x2=6, 3x3=9 e via dicendo fino a 3x10=30.

4. [SFIDA]

Scrivere un programma in Ruby che crea dieci file con un nome casuale di 8 caratteri più l'estensione .tmp, che contengano ognuno 1000 caratteri a caso. Creare dieci directory che abbiano un nome casuale di 8 caratteri e salvare ciascun file in una directory, in modo tale che alla fine si abbiano dieci directory, ciascuna delle quali contiene un file .tmp contenente 1000 caratteri casuali. Stampare a video il percorso completo del file la cui somma di caratteri (ricordate che un carattere, in Ruby, è sempre un numero intero) è maggiore.

GESTIONE DELLE ECCEZIONI

1. Cosa sono le eccezioni

Il codice sorgente di un programma per computer non sempre "funziona", è soggetto cioè a malfunzionamenti. Non parliamo qui di errori di sintassi o di codifica: questo tipo di errori vengono rilevati dal compilatore o dall'interprete del linguaggio, nel nostro caso vengono rilevati da Ruby quando il programma viene parsato la prima volta. Questo tipo di errori - altrimenti detti errori a compile-time o syntax errors - si eliminano durante la stesura del codice.

Noi affrontiamo invece qui il tema degli errori che si verificano a run-time. Esistono due tipologie di errori a run-time:

- Errori previsti

- Errori imprevisti (eccezioni)

La prima categoria di errori è facilmente gestibile. Si tratta ad esempio di quegli errori che si generano quando accade un evento che genera un errore nel codice, e per questo si può intercettare, solitamente con un apposito ramo *if*. Ad esempio:

```
print "Immetti un numero: "
numero_stringa = gets
numero = numero_stringa.chomp.to_i
fratto = 127 / numero
print "L'operazione 127 diviso #{numero} da' #{fratto}"
```

Questo codice si compila benissimo e viene eseguito benissimo, con questo output, ad esempio:

```
Immetti un numero: 4
L'operazione 127 diviso 4 da' 31
```

Ma quando l'utente inserisce il numero zero o una stringa, abbiamo un errore di divisione per zero (*divided by 0*):

```
Immetti un numero: 0
src/Eccezioni.rb:4:in `/': divided by 0 (ZeroDivisionError)
```

Questo tipo di errore, proprio perché prevedibile a priori, può essere gestito nel codice:

```
print "Immetti un numero: "
numero_stringa = gets
numero = numero_stringa.chomp.to_i
if (numero > 0)
        fratto = 127 / numero
        print "L'operazione 127 diviso #{numero} da' #{fratto}"
else
        puts "L'operazione non puo' essere eseguita."
end
```

Per quanto accurata possa essere la fase di ricerca degli errori che si possono verificare in un codice sorgente, la loro eliminazione non può quasi mai essere completa, perché ci saranno sempre errori che, in fase di codifica, semplicemente non sono stati previsti, ad esempio:

- Spazio su disco esaurito

- Memoria esaurita

- Argomento nullo

- Errore di accesso alla risorsa

- Permessi non sufficienti

e via dicendo. Chiaramente, qui non sto dicendo che questo tipo di errori sono "imprevedibili": in linea teorica, infatti, è possibile scrivere un programma che "preveda" qualsiasi tipo di errore che si sviluppa a run-time. Tuttavia, dato il grande numero di variabili in gioco - tra cui: l'interazione umana, lo stato delle periferiche, la disponibilità di memoria o altre risorse, e via dicendo - questo compito di prevedere "ogni" tipo di errore a run-time è un compito difficilissimo. Come se non bastasse, scrivere codice che gestisce gli errori è un'attività noiosa, in genere mal sopportata dai programmatori.

È possibile invece cambiare l'ottica: invece che cercare di gestire l'errore quando si presenta, si può gestire l'eccezione. La differenza è sottile. Nel caso dell'esempio di cui sopra, invece che prevedere che l'utente possa inserire il numero zero, possiamo pensare di inserire un blocco di codice il cui significato è: "se accade un qualsiasi tipo di errore aritmetico, allora fai questo..." Come si vede la differenza consiste in questo: invece che prevedere esattamente che cosa può accadere a run-time e scrivere del codice apposta per gestire questo accadimento, si scrive un blocco di codice che viene eseguito ogni volta si presenta un'eccezione, anche se non siamo in grado di dire che cosa esattamente l'ha generata.

La gestione delle eccezioni può risolversi in due modi differenti:

- Abortire il programma - uscire, magari mostrando un messaggio di errore)

- Recuperare - ad esempio, nel nostro caso, chiedere all'utente di inserire nuovamente il numero

2. Gestire le eccezioni in Ruby

Ruby, come la totalità dei linguaggi di programmazione moderni, permette la gestione delle eccezioni. Questo significa che l'interprete di Ruby mentre esegue un programma effettua il monitoraggio di tutti i tipi di errori che si possono verificare. Invece che causare un blocco del sistema, Ruby capisce il tipo di errore che si è verificato e *solleva* un'adeguata eccezione. Nel caso di cui sopra, Ruby si accorge che il programma sta per fare una divisione per zero e, invece che eseguirla, solleva l'eccezione "divided by zero" e ci dice esattamente dove nel codice questa eccezione si è verificata.

A questo punto entriamo in gioco noi come programmatori, cercando di "gestire l'eccezione":

```
begin
```

```
      print "Immetti un numero: "
      numero_stringa = gets
      numero = numero_stringa.chomp.to_i
      fratto = 127 / numero
      print "L'operazione 127 diviso #{numero} da' #{fratto}"
rescue ZeroDivisionError
         puts "L'operazione non puo' essere eseguita."
   end
```

Questa sintassi ci permette di eseguire blocchi di codice e, all'accadere di una determinata eccezione, di saltare nel blocco "rescue". Nel nostro caso, l'eccezione si determina quando cerchiamo di valutare l'espressione '127/numero' nel caso in cui numero sia zero.

Capisco che a questo punto qualcuno possa pensare: ma non è la stessa cosa che cercare di prevedere l'errore? In fondo, in entrambi i casi sono riuscito a prevedere che un errore di divisione per zero si sarebbe potuto generare.

In questo caso particolare, la risposta è positiva: io mi sono preoccupato di gestire la divisione per zero. Tuttavia, avrei potuto invece non pensarci, e scrivere un codice generico di gestione delle eccezioni: cioè a dire, questo pezzo di programma deve reagire a qualunque tipo di eccezione:

```
begin
      print "Immetti un numero: "
      numero_stringa = gets
      numero = numero_stringa.chomp.to_i
      fratto = 127 / numero
      print "L'operazione 127 diviso #{numero}
            da' #{fratto}"
rescue StandardError # !!!!!!!!!!
         puts "L'operazione non puo' essere eseguita."
   end
```

In questo caso, nel blocco rescue io entro nel caso si verifichi una qualsiasi eccezione. Infatti, in Ruby le eccezioni appartengono ad una tassonomia di classi, tutte discendenti dalla stessa: *Exception*.

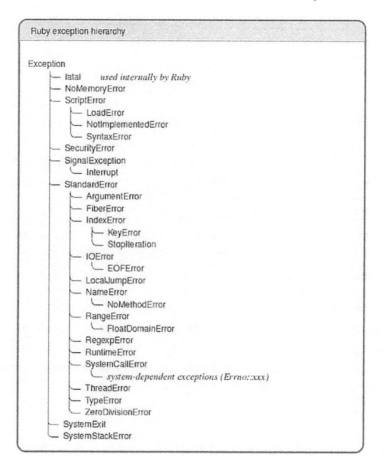

Se guardiamo questa tabella, ad esempio, scopriamo che "Zero-DivisionError" discende da "StandardError".

Nel caso del nostro ultimo listato, ci cauteliamo da tutti i tipi di eccezione che discendono da *StandardError*, ad esempio anche un errore di input/output. Chiaramente, se noi avessimo scritto "*rescue*

Exception" ci saremmo automaticamente **difesi da qualsiasi tipo di eccezione**.

Perché allora non farlo sempre? Sarebbe molto comodo, e molti programmatori effettivamente fanno così. In realtà ci sono buoni motivi per sconsigliare questo comportamento.

Il più importante di questi motivi è che spesso è utile, specie in fase di debug, non intercettare le eccezioni e capire ESATTAMENTE che tipo di eccezioni possono verificarsi per gestirle meglio. Ad esempio, nel nostro caso avremmo potuto non accorgerci mai che il codice andava incontro a una possibile divisione per zero. Se invece ce ne fossimo accorti, avremmo, per esempio potuto creare un blocco di codice per la re-immissione del numero, solo se l'eccezione era di tipo *ZeroDivisionError*, cioé:

```
begin
        print "Immetti un numero: "
        numero_stringa = gets
        numero = numero_stringa.chomp.to_i
        fratto = 127 / numero
rescue ZeroDivisionError
        puts "Errore: divisione per zero"
        retry
rescue StandardError
        puts "L'operazione non puo' essere eseguita."
        exit 1
ensure
        print "L'operazione 127 diviso #{numero} da' #{fratto}"
end
```

Qui quello che accade è che gestiamo in maniera diversa quello che deve succedere se viene sollevata un'eccezione di divisione per zero, da quello che deve accadere in qualsiasi altro caso di errore.

Dell'ultimo listato vanno notate due cose. La prima è che utilizziamo la parola chiave "retry" nel blocco *rescue* di *ZeroDivisionError* che riporta l'esecuzione alla prima linea di codice del *begin* - quindi è, a tutti gli effetti, un "riprova", cioè si cerca di recuperare l'errore. In tutti gli altri casi, decidiamo che si tratta di un errore irrecuperabile e abortiamo (exit). Il blocco *ensure* viene invece eseguito in ogni caso, cioè sia nel caso di esecuzione normale, che di eccezione - a meno che non si esca. Questo è utile soprattutto nel caso in cui il nostro codice debba rilasciare delle risorse esterne - connessioni a db, chiusura di file e via dicendo – e questo naturalmente deve avvenire sia che il codice si comporti correttamente, sia nel caso in cui venga generata un'eccezione.

3. Sollevare eccezioni

A volte, può essere necessario che il nostro codice produca esso stesso eccezioni. Alcuni motivi per voler fare questa cosa sono:

- Avvertire circa un utilizzo errato di un metodo - passaggio errato di argomenti, inizializzazione errata, precondizioni non verificate ecc.

- Espandere un'eccezione standard aggiungendovi però dell'informazione - ad esempio una eccezione di I/O relativa ad un device specifico

- Definire dei punti di uscita in fase di debugging - punti in cui il codice si ferma ed esce

- Rilanciare un'eccezione, aggiungendovi informazioni

Tutto questo è possibile farlo con la clausola "raise", che vediamo utilizzata in ogni modo nel listato che segue:

```
class MiaEccezioneSpeciale < StandardError
end

begin
        #raise ZeroDivisionError
        raise StandardError, "Errore personalizzato"
rescue ZeroDivisionError
        raise "Errore: divisione per zero"
        retry
rescue StandardError => syserror
        raise MiaEccezioneSpeciale, "Errore generico: "+syserror
ensure
        print "Blocco ensure"
end
```

Questo programma comincia sollevando una eccezione di tipo *StandardError* - oppure, commentata, una di tipo **ZeroDivisionError**. Essendo uno *StandardError*, si finisce nel blocco "rescue StandardError". Qui definisco una variabile speciale "syserror" che conterrà il dettaglio dell'errore che si è appena verificato, cioè nel nostro caso: "Errore personalizzato". Il formato di *raise* è *raise* [*classe dell'errore*], [*dettaglio dell'errore*]. Ha senso, solitamente, creare una propria *eccezione custom*, in modo che possa essere intercettata in maniera speciale dal nostro codice. Questo è particolarmente importante perché ci permette di differenziare tra eccezioni che sono volutamente generate dal nostro codice, ed eccezioni che si generano a run-time. Nell'esempio di cui sopra, ho creato una mia classe Eccezione ("*MiaEccezioneSpeciale*"). Per farlo semplicemente eredito dalla classe StandardError. Se non lo facessi, la "MiaEccezioneSpeciale" non potrebbe essere intercettata da un blocco rescue.

4. Catch e throw

Le due clausole *catch* e *throw* in Ruby aggiungono un concetto di "nome di blocco" alla gestione delle eccezioni. Infatti, dando un nome ad un blocco dove un'eccezione si genera o viene sollevata, noi possiamo implementare complessi meccanismi di recupero dell'eccezione stessa, poiché, richiamando il nome del blocco, possiamo uscire dal contesto (scope) in cui il programma è, per entrare in un altro contesto in qualsiasi altra parte del programma.

La parola *catch*, infatti, dà inizio ad un blocco che, se non incontra nel suo cammino alcun *throw* termina normalmente, mentre, se incontra un *throw*, ritorna immediatamente l'esecuzione, posto che il *throw* abbia lo stesso nome di quello indicato nel *catch*.

Un esempio ci chiarirà le idee.

```
def chiedi(prompt)
  print prompt
  res = readline.chomp
  throw :esci if res == "!"
  return res
end

catch :esci do
  name = chiedi("Nome: ")
  surname = chiedi("Cognome:  ")
  address = chiedi("Indirizzo:  ")
end

puts 'Fine programma'
```

Nel listato sopra il programma comincia dal blocco *catch*. Questo blocco sostanzialmente dice: esegui questo blocco solo fintanto che non viene sollevata un'eccezione di nome "esci". In questo caso, ritorna - cioè, nel nostro esempio, esce dal blocco *catch/end.*

Il risultato è che abbiamo un programma che chiede all'utente una stringa, e se questa stringa è "!" esce.

Attenzione a usare questo meccanismo con parsimonia. Infatti, *throw* e *catch* implementano sostanzialmente un meccanismo di gestione delle eccezioni. E la gestione delle eccezioni, per sua natura, è molto poco performante.

Esercizi

1. Scrivere un programma che chiede all'utente un nome di file da salvare. Gestire l'eccezione del caso in cui l'utente immette come nome del file una stringa con caratteri di file non consentiti (su Windows, ad esempio, il punto di domanda). Assicurarsi che il file venga chiuso anche in caso di eccezione.

2. Scrivere una classe che contiene il metodo *DividiPer* che prende come argomento un numero intero. Sollevare un'eccezione di tipo *ArgumentError* se l'utente della classe passa come parametro uno zero.

3. Scrivere una eccezione custom che si chiami *EccezioneSpeciale*. Scrivere una classe che nel costruttore sollevi un'eccezione di tipo *EccezioneSpeciale* se l'argomento passato al costruttore è una

stringa. Verificare che l'eccezione *EccezioneSpeciale* venga correttamente intercettata da un blocco *rescue*.

4. [SFIDA]

Scrivere un programma che si colleghi ad un server e-mail POP3
(utilizzare la libreria *net/pop3*). Gestire l'eccezione di timeout se il
server non risponde entro il timeout prefissato.

STRINGHE ED ESPRESSIONI REGOLARI

1. La classe String

Abbiamo visto nel secondo capitolo che qualsiasi variabile associata ad una stringa viene implicitamente convertita in oggetto di
classe *String*. Per averne una prova:

```
prova_str = "Questa è una stringa"
puts "L'oggetto prova_str è di tipo #{prova_str.class}"
```

Come si vede eseguendo il programma di cui sopra, *prova_str* è di
tipo *String*. Ovviamente, avremmo potuto instanziare direttamente
un oggetto di tipo String per ottenere il medesimo risultato:

```
prova_str = String.new("Questa è una stringa")
puts "L'oggetto prova_str è di tipo #{prova_str.class}"
```

La classe *Stringa* è tra le più importanti e utilizzate, vale perciò la pena di guardarla un po' in dettaglio. Come sempre accade, possiamo cercare la documentazione relativa a una particolare classe di libreria di Ruby nei vari modi proposti nel capitolo due. Ecco di seguito l'output di *ri*:

```
Class methods:
new, yaml_new

Instance methods:
%, *, +, <<, <=>, ==, =~, [], []=, _expand_ch, _regex_quote, block_scanf,
capitalize, capitalize!, casecmp, center, chomp,
chomp!, chop, chop!, concat, count, crypt, delete, delete!, downcase, downcase!,
dump, each, each_byte, each_char, each_line,
empty?, end_regexp, eql?, expand_ch_hash, ext, gsub, gsub!, hash, hex, include?,
index, initialize_copy, insert, inspect, intern,
 is_binary_data?, is_complex_yaml?, iseuc, issjis, isutf8, jcount, jlength,
jsize, kconv, length, ljust, lstrip, lstrip!, match,
 mbchar?, next, next!, nstrip, oct, original_succ, original_succ!, pathmap,
pathmap_explode, pathmap_partial, pathmap_replace,
 quote, replace, reverse, reverse!, rindex, rjust, rstrip, rstrip!, scan, scanf,
size, slice, slice!, split, squeeze, squeeze!,
 strip, strip!, sub, sub!, succ, succ!, sum, swapcase, swapcase!, to_f, to_i,
to_s, to_str, to_sym, to_yaml, toeuc, tojis,
 tosjis, toutf16, toutf8, tr, tr!, tr_s, tr_s!, unpack, upcase, upcase!, upto
```

Notiamo alcune cose.

Prima di tutto, la classe String non ha alcun metodo di classe, fatta eccezione del costruttore speciale *yaml_new*, di cui abbiamo parlato nel *capitolo 7*. In altre parole, i metodi di una stringa si applicano sempre alla stringa stessa, sia se questa è stata associata ad una variabile che non.

Per esempio, se vogliamo conoscere la lunghezza di una stringa possiamo scrivere:

```
incipit = "Quel ramo del lago di Como che volge..."
puts incipit.length
puts "Quel ramo del lago di Como che volge...".length
```

Nel secondo caso, come si vede, abbiamo applicato il metodo direttamente alla stringa. Troviamo anche molti metodi che finiscono con un punto esclamativo (!). Normalmente, ci aspettiamo che un metodo stringa ritorni una stringa modificata in qualche modo, mentre lasci invariata la stringa che chiama quel metodo. E questo è quello che accade normalmente. Ma se vogliamo che il metodo modifichi la stringa chiamante, ecco che occorre chiamare il metodo con il punto esclamativo finale:

```
incipit = "quel ramo del lago di Como che volge\n"
incipit_maiusc = incipit.capitalize
print "incipit: ", incipit
print "incipit_maiusc: ", incipit_maiusc
print "incipit.capitalize!: ", incipit.capitalize!
```

Tenete presente che il punto esclamativo finale NON è un operatore, quindi non basta aggiungere il punto esclamativo per ottenere questo comportamento da qualsiasi metodo. È solamente zucchero

sintattico per chiamare dei metodi che altrimenti avrebbero semplicemente un nome diverso, ad esempio, invece che *capitalize!* poteva
andare bene anche *autocapitalize.*

2. Metodi utili della classe String

Vediamo ora una breve carrellata dei metodi più interessanti
della classe String.

- *index(x)*
  Serve per ritornare l'indice (cioè il numero d'ordine) della
  prima occorrenza della sottostringa x nella stringa.

- *gsub(x, rimp)*
  Serve per rimpiazzare la sottostringa x della stringa con la
  stringa rimp. x può essere, come vedremo in seguito, un'e-
  spressione regolare.

- *length*
  Ritorna la lunghezza (in caratteri) di una stringa

- *chomp*
  Rimuove i separatori (fine linea, ritorno carrello) da una
  stringa

- *<< (o concat)*
  Serve per concatenare una o più stringhe. Ad esempio:

```
a = "hello "
a << "world"    #=> "hello world"
a.concat(33)    #=> "hello world!"
```

- *slice (o [a..b])*
  Questo è lo stesso operatore che abbiamo già visto parlando degli Array. Se consideriamo che una stringa è un Array di caratteri, l'utilizzo di slice è intuitivo:

```
a = "hello there"
a[1]                #=> 101 (il carattere 'h')
a[1,3]              #=> "ell"
a[1..3]             #=> "ell"
a[-3,2]             #=> "er"
a[-4..-2]           #=> "her"
a[12..-1]           #=> nil
```

3. Cos'è un'espressione regolare

Con il termine "espressione regolare" (regular expression, o in breve *regexp*) si intende una stringa che descrive un insieme di stringhe, il quale, opportunamente confrontato, ritorna come risultato se una stringa appartiene a quell'insieme di stringhe.

Le espressioni regolari servono quindi a cercare una certa stringa di testo fornendo all'elaboratore tutte le varianti della stessa stringa accettabili. In questo modo è possibile fare ricerche avanzate risparmiando moltissimo tempo nel caso di testi particolarmente lunghi (per esempio, una *regexp* che esamina tutto il database di Wikipedia in cerca di possibili errori risparmierà il lavoro di mesi se effettuato a mano).

Chiunque usi i computer ha almeno una nozione elementare di cosa sia un'espressione regolare: ad esempio il famoso comando MS-DOS:

```
dir *.txt
```

che ritorna tutti i file con estensione txt in una directory è composto da un comando e da un'espressione regolare, che significa "dammi l'insieme di stringhe che hanno un qualsiasi numero e tipo di caratteri ma sono seguite tutte da .txt".

Esistono una serie di regole per formare una espressione regolare, le quali seguono il paradigma del "pattern matching", che significa che la stringa contentente l'espressione regolare viene confrontata all'interno di un testo o di una collezione di altre stringhe per capire se questa corrisponde (*matcha*) al pattern fornito.

4. Pattern matching

Le regole per formare una espressione regolare sono uno standard IEEE POSIX, quindi sono ragionevolmente uguali su ciascuna piattaforma e linguaggio. Ne esiste un particolare sottoinsieme, chiamato Basic Regular Expression (BRE), che è usato estensivamente. Nella sintassi BRE, la maggior parte dei caratteri sono trattati come singoli valori, cioè corrispondono (matchano) con se stessi e basta (cioè ad esempio il carattere *y* matcha con *y*). Le eccezioni a questa regola sono detti *metacaratteri* o *metasequenze* e sono le seguenti:

.	Corrisponde a un singolo carattere, tranne gli a capo. Ad esempio "men.a" *matcha* con "menta" e "mensa".
[ ]	L'espressione tra parentesi quadre corrisponde a un singolo carattere fra quelli contenuti tra parentesi. As esempio, [abc] corrisponde a "*a*", "*b*", or "*c*". [a-z] specifica una serie di caratteri che corrisponde ad una singola lettera minuscola tra "*a*"e"*z*". Queste due forme possono essere mischiate, ad esempio: [abcx-z] corrisponde a "*a*", "*b*", "*c*", "*x*", "*y*", e "*z*", così come [a-cx-z]. Il carattere - è trattato come un valore se è l'ultimo o il primo tra le parentesi quadre, altrimenti deve essere preceduto da un backslash: [abc-], [-abc], or [a-bc].
[^]	Corrisponde a un singolo carattere che NON è contenuto tra le parentesi quadre. Ad esempio [^abc] corrisponde a qualsiasi carattere tranne "*a*", "*b*", or "*c*". [^a-z] corrisponde a un singolo carattere che non sia una lettera minuscola tra "a" e "z". Anche qui singoli caratteri e serie possono essere mischiati.
^	(*caret*) Corrisponde alla posizione di partenza della stringa. Se il testo è diviso in linee o righe, corrisponde all'inizio di ciascuna riga.
$	(*dollar*) Corrisponde alla posizione finale di una stringa o alla posizione appena precedente un a-capo.

( )	Definisce una *sottoespressione marcata*. La stringa corrispondente tra le parentesi può essere richiamata più tardi (vedi la prossima entry, n). Una sottoespressione marcata è anche chiamata "blocco di cattura" (*capturing block*)
\n	Corrisponde all'ennesima sottoespressione marcata, dove n è un numero tra 1 e 9. Attenzione che questo costrutto è irregolare, e quindi non viene riconosciuto da tutte le piattaforme.
*	Corrisponde all'elemento precedente, da zero a più volte. Ad esempio, ab*c corrisponde ad "*ac*", "*abc*", "*abbbc*", ecc. [xyz]* corrisponde a "", "*x*", "*y*", "*z*", "*zx*", "*zyx*", "*xyzzy*", e così via. (ab)* corrisponde a "", "*ab*", "*abab*", "*ababab*", e così via. (*Da non confondere con il famoso "*" cui accennavamo in precedenza quando si parlava di MS-DOS: quella non è un'espressione regolare BRE!*)
{m,n}	Corrisponde all'elemento precedente, da un minimo di m a un massimo di n volte. Ad esempio a{3,5} corrisponde a "*aaa*", "*aaaa*", e "*aaaaa*", ma non a "*aaaaaa*".

Queste regole, soprattutto se abbiamo a che fare spesso con la manipolazione delle stringhe, andrebbero imparate a memoria. Fortunatamente ci sono degli strumenti che ci aiutano a formare delle espressioni regolari, come ad esempio Expresso.

Per una lista completa dei pattern matching supportati da Ruby, fare riferimento alla documentazione ufficiale, che si trova su http://www.ruby-doc.org/docs/UsersGuide/rg/regexp.html

5. Inserire espressioni regolari in un programma

Ruby supporta le espressioni regolari direttamente. In Ruby, un'espressione regolare è scritta nella forma

```
/pattern/modificatore
```

dove "pattern" è l'espressione regolare in sè, secondo le regole viste sorpra, mentre "modificatore" sono una serie di caratteri che indicano varie opzione ed è opzionale. I modificatori supportati sono:

- /i rende l'espressione regolare "case insensitive", quindi maiuscole e minuscole trattate allo stesso modo.

- /m fa sì che il '.' matchi anche con gli a capo.

- /x dice a Ruby di ignorare gli spazi (' ')

Questi modificatori possono essere mischiati tra di loro. In Ruby, caret e dollar si riferiscono entrambi a prima e dopo gli a capo e non c'è un modificatore per cambiare questo comportamento. Bisogna usare \A e \Z per riferirisi all'inizio o alla fine di una stringa.

In Ruby, uno slash (/) delimita l'inizio e la fine di un'espressione regolare, mentre ogni slash che appare in una regexp deve essere preceduto da un backslash, ad esempio per matchare 1/2 occorre scrivere /1\/2/. In realtà quello che succede quando dico, ad esempio:

```
mia_regexp = /men.a/
```

è che la variabile mia_regexp conterrà un'istanza della classe Ruby RegExp, perciò nominalmente lo slash è un literal per ottenere un'espressione regolare. Un'espressione regolare può essere passata come parametro per quei metodi che lo possono richiedere (uno molto famoso, ad esempio, è il metodo gsub si String visto in precedenza).

Per utilizzare le espressioni regolari in Ruby facciamo affidamento ad uno speciale operatore: =~, che ha il significato di "matcha". Vediamo un esempio:

```
print "Immettere un'e-mail > "
email = gets.chomp

if (email =~ /^([a-zA-Z0-9_\-\.]+)@([a-zA-Z0-9_\-\.]+)\.([a-zA-Z]{2,5})$/)
        puts "OK"
else
        puts "Questo non è un indirizzo e-mail!"
end
```

Qui ciò che abbiamo fatto è stato fare un pattern matching tra la stringa immessa dall'utente e un'espressione regolare.

L'espressione regolare di cui sopra dice che la stringa può:

- Contenere caratteri dalla a alla z o dalla A alla Z
- Contenere cifre da 0 a 9
- Contenere un -, un _, oppure un .
- Deve assolutamente contenere un @
- Contenere, dopo l'@, di nuovo una serie con a-Z,A-Z,0-9,._-

- Dopo quest'ultima serie avere un "."
- Poi avere da due a cinque caratteri alfabetici (il dominio)

il che descrive piuttosto bene il formato di una e-mail e ci consente di validare l'input dell'utente (una espressione regolare ancora migliore per valutare un'e-mail la trovate nei listati di esempio). Un utilizzo molto frequente delle espressioni regolari è quello di cercare delle occorrenze di una particolare espressione regolare all'interno di un testo. Per fare ciò ci viene in aiuto il metodo *scan* della classe String:

```
testo = "Oggi alla mensa hanno servito tè e menta"
puts testo.scan(/men.a/)
```

che ritorna un array con una collezionie di stringhe trovate: nell'esempio, naturalmente, si trova *mensa* e *menta*.

Esercizi

1. L'utente inserisce una stringa. Verificare che la stringa contenga almeno un punto di domanda. Se la stringa lo contiene, premere OK e uscire, altrimenti chiedere nuovamente di immettere la stringa.

2. Sia dato il seguente array di stringhe:

```
stringhe = [ "Alessio", "Pippo", "Michela", "Sabrina", "Giovanni", "Annalisa" ]
```

che elenca una serie di uomini e donne. Scrivere un programma che, per ciascun uomo, sia effettuato un abbinamento con una e una sola fra le donne elencate (es.: Alessio & Sabrina, Pippo & Michela, Giovanni & Annalisa). Chiaramente, il programma deve funzionare con qualsiasi array in input che contenga un qualsiasi numero di nomi maschili e femminili, benché in numero pari.

3. Scrivere un comando che lista tutti i file della directory e delle sottodirectory a partire da quella di esecuzione e ritorna tutti e soli i file eseguibili (che finiscono cioè in .exe) che abbiano nel loro nome solamente caratteri alfabetici (non numeri e non simboli). [Per il comando che effettua la lista dei file, considerare di usare il modulo 'find'.

4. [SFIDA]
L'utente inserisce una stringa. Verificare che è un numero romano (es.: MCMXXII).

5. [SFIDA]

Un parser è un programma che prende in input un testo ed effettua alcune modifiche. Scrivere un parser che legge tutti i file HTML in una directory (ed eventualmente tutte le sottodirectory) e vi sostituisce tutti i blocchi paragrafo (<p></p>) con un solo break-line (<br>) finale - ad esempio *<p>Esempio di linea</p>* deve diventare *Esempio di linea
*. Salvare il file modificato con uguale nome, ma estensione ".mod".

NAMESPACE, MODULI, MIXIN

1. Organizzare il codice sorgente

Un progetto software complesso può comprendere codice sorgente per svariate migliaia di linee di codice. In linea teorica, in Ruby, è possibile inserirle tutte all'interno dello stesso file con estensione .*rb*, ma chiaramente questa non è una grande idea perché un tale file non sarebbe né di facile lettura, né di facile manutenzione. In particolare, il codice sorgente di un progetto di media complessità (in qualsiasi linguaggio) dovrebbe avere almeno questi requisiti:

- *Leggibilità*

- *Manutenibilità*

- *Portabilità*

- *Riutilizzabilità*

Il primo ci dice che il codice deve essere facilmente leggibile: da una parte a un profano, naturalmente, cioè ad una persona che conosce il linguaggio ma non il nostro specifico progetto, ma dall'altra anche a noi stessi, in futuro. Naturalmente mentre sto sviluppando un programma ho in mente tutti i dettagli, ma fra tre anni mi sarò verosimilmente dimenticato ogni cosa. Ecco perché è importante che i programmi che si scrivono siano leggibili: se non lo fossero, potremmo essere noi stessi le vittime.

Il che ci porta al secondo requisito. Un progetto software normalmente ha una vita complessa perché opera in un ambiente in continua evoluzione: cambiano i sistemi operativi, le periferiche, i programmi e i sistemi con cui il nostro si deve integrare. Ecco perché quasi tutti i programmi software necessitano di manutenzione. Ed è un grande pregio, se il codice sorgente di un programma è facilmente manutenibile: sarà facile (e, di converso, poco costoso) modificarlo per adattarlo alle mutate esigenze. Un programma facilmente manutenibile è un programma innanzitutto leggibile, e poi strutturato avendo in mente che possa essere un domani facilmente modificato. Ad esempio, strutturare un programma in modo fortemente orientato agli oggetti ci permetterà in futuro, attraverso l'ereditarietà e il polimorfismo, di far utilizzare al nostro programma in modo corretto oggetti che non esistevano nella prima release. A volte accade che un programma debba essere "portato", che significa adattato a nuovi sistemi operativi, piattaforme, addirittura nuovi linguaggi. Normalmente, per portabilità si intende la capacità di un codice sorgente di essere eseguito senza modifiche su diversi sistemi operativi. Con i linguaggi di scripting siamo solitamente abbastanza certi che la portabilità sia garantita (infatti ciò che cambia, sarà l'interprete), tuttavia è del tutto possibile scrivere programmi in Ruby non portabili: basta ad esempio usare le primitive del sistema operativo (ad esempio i metodi della libreria *ftools.rb*)

Per rispondere a queste esigenze, Ruby permette di organizzare il codice sorgente, cioè possiede delle caratteristiche che servono appunto per organizzare e sistemare il codice sorgente affinché questo sia più leggibile, manutenibile e, se questo è richiesto, portabile. Infine, il codice sorgente dovrebbe essere quanto più possibile riutilizzabile. Infatti, nessuno vuole inventare di nuovo l'acqua calda! È importante, per la produttività del programmatore, che ciascuno si formi una propria libreria personale di soluzioni riutilizzabili. Qui il linguaggio deve venire incontro, permettendo facilmente di utilizzare nuovamente parti di codice scritte per altri programmi, per altri progetti. Vedremo che Ruby ha una caratteristica veramente formidabile per la riutilizzabilità: i mixin.

2. Moduli

Abbiamo già avuto modo di utilizzare un modulo, cioè quello standart di libreria che fornisce le primitive matematiche, il modulo *Math*. La buona notizia è che il concetto di modulo è utilizzabile anche in un nostro programma.

Un modulo è concettualmente un contenitore (*wrapper*) di tutta una porzione di codice sorgente, il quale modulo può contenere al suo interno funzioni, classi e costanti. Vediamo subito un esempio:

```
module Armi

    class Lama
        def initialize
            @name = ""
        end
        def taglia
        end
        def to_s
```

```
            return "Sono il "+@name+" numero "+ self.hash.to_s
        end
    end

    class Coltello < Lama
        def initialize
            @name = "Coltello"
        end
        def punge
        end
    end

    def Armi.lame
        lame = Array.new(10)
        10.times { lame.push(Coltello.new) }
        return lame
    end
end

Armi::lame.each { |arma| puts(arma.to_s) }  # Chiamata al metodo
di un modulo
```

Fin qui niente di particolarmente nuovo. Abbiamo due scritto due classi, *Lama* e *Coltello*, la seconda che eredita dalla prima. Poi, come ci capita spesso di fare, abbiamo costruito una collezione di oggetti (in questo caso di Coltelli) e l'abbiamo messa nel metodo *Armi.lame*.

Dunque i moduli sono, abbiamo detto, dei wrapper a porzioni di codice. Attenzione a non confonderli con le classi - ci torneremo quando parleremo di mixin. I moduli infatti non possono "ereditare" da altri moduli, né essere istanziati. Proprio a causa di questo, il nostro metodo "lame" all'interno del modulo deve avere il nome del modulo, altrimenti non sarebbe visibile all'esterno. Occorre notare che per richiamare qualsiasi elemento all'interno di un modulo, lo faccio con il nome del modulo seguito da un doppio due punti ::

Infine, i moduli sono innestabili, vale a dire, un modulo può essere dichiarato all'interno di un altro modulo e così via all'infinito.

3. Namespace

Un primo significativo utilizzo dei moduli riguarda l'organizzazione del codice sorgente: ci permette infatti di assegnare dei nomi a parti del nostro codice, e questi nomi sono detti *namespace*.

Il *namespace* mi permette di non essere ambiguo quando utilizzo il nome per una classe o per un metodo all'interno del mio codice sorgente, quindi ad esempio per differenziarlo da altri metodi con lo stesso nome che potrebbero trovarsi nella libreria standard o in altre librerie reperibili in Rete. Con il crescere del progetto, inoltre, i nomi potrebbero trovarsi duplicati anche all'interno del nostro codice sorgente.

La libreria standard di Ruby definisce essa stessa alcuni namespace, come ad esempio Math e Kernel, ad esempio:

```
puts "La radice quadrata di 16 è "+ Math::sqrt(16)
```

L'organizzazione per namespace, inoltre, ci permette anche di "visualizzare" l'organizzazione del codice sorgente, specie se abbiamo un ambiente di sviluppo (IDE) che supporta questo tipo di visualizzazione (in ogni caso, sia che utilizziamo strumenti visuali, che non, è utile alla manutenibilità e leggibilità separare sempre il nostro codice e usare diversi namespace dai nomi indicativi).

Se vogliamo evitare di dover sempre richiamare il nome del namespace prima di ogni classe o metodo, utilizzeremo la parola chiave "include" per dire che questa parte di codice sorgente "usa" il particolare namespace, e quindi questo non deve più essere citato:

```
include Alessiosaltarin_net::GiocoDiRuolo
```

Non è malvagia l'abitudine - nata in ambiente *Java* - di mettere come namespace radice di tutto il proprio codice sorgente un dominio Internet registrato. In questo modo sarete certi di due cose:

- Che tutti i vostri namespace siano unici al mondo (il dominio registrato è infatti, per definizione, unico)

- Che gli utenti del vostro codice sorgente vi possano raggiungere attraverso Internet (si spera non per lamentarsi!)

Putroppo il "." non è identificativo permesso in Ruby per i nomi dei moduli, è quindi necessario sostituirlo, ad esempio con un underscore (_), cosicché se il mio dominio internet è

```
www.alessiosaltarin.net
```

il namespace di tutto il mio codice Ruby diventerà

```
module net_alessiosaltarin
```

4. Mixin

Come abbiamo visto quando abbiamo parlato di ereditarietà, Ruby non supporta l'ereditarietà multipla: una classe può ereditare solo e soltanto da un'altra classe. Il dibattito sull'opportunità o meno per un linguaggio di supportare l'ereditarietà multipla è vastissimo. Da una parte questa permette a volte un risparmio notevole e un riutilizzo di codice esistente, dall'altra il grafo delle classi di un sistema complesso scritto in un linguaggio che supporta l'ereditarietà multipla diventa estremamente complesso, risultando in un grafo multiconnesso, invece che in un semplice albero.

Ruby risolve elegantemente il problema, da una parte utilizzando l'ereditarietà semplice, dall'altro consentendo al programmatore di utilizzare parti di codice esistente all'interno di classi che già ereditano da una classe. Vediamo un semplice esempio:

```ruby
module CiaoMondo
  def ciao_mondo
    puts "Ciao Mondo!"
  end
end

class ClasseBase
  def un_metodo_qualsiasi
    puts "Sono un metodo qualsiasi"
  end
end

class ClasseFiglia < ClasseBase
  include CiaoMondo # Mixin
end

f = ClasseFiglia.new
f.un_metodo_qualsiasi
f.ciao_mondo
```

In questo listato abbiamo:

- Un modulo: *CiaoMondo*

- Una classe base: *ClasseBase*

- Una classe figlia che eredita da *ClasseBase*: *ClasseFiglia*

- Una variabile globale: *f*, che è un'istanza di *ClasseFiglia*

Ora, sorprendentemente, la variabile *f* è in grado di richiamare i metodi della classe cui appartiene, i metodi della sua classe madre e persino i metodi del modulo esterno *CiaoMondo*. Per questo si dice che *ClasseFiglia* è un *mixin*. Cioè è una classe che utilizza metodi esterni - che diventano parte di essa.

Notiamo alcune cose. Intanto, il metodo di *CiaoMondo* non è direttamente utilizzabile nel codice:

```
CiaoMondo::ciao_mondo
```

Cioè il comando di cui sopra dà errore. Questo ci dice che il programmatore di *CiaoMondo* ha inteso scrivere il suo modulo, esclusivamente per l'utilizzo all'interno di *mixins*. Viceversa, avrebbe dovuto scrivere:

```
module CiaoMondo
  def CiaoMondo.ciao_mondo
    puts "Ciao Mondo!"
  end
end
```

5. Mixin e interfacce

La seconda importante considerazione è che possiamo pensare il modulo da includere come una interfaccia. Chi conosce almeno un linguaggio a oggetti puro, come Java o C#, sa che le interfacce sono come contratti che il programmatore stipula con l'utilizzatore del suo codice sorgente per garantirgli che una classe "implementerà" certi metodi, con certi parametri. Le interfacce sono alla base dell'utilizzo del polimorfismo nei linguaggi a oggetti compilati, poiché predispongono il codice a ricevere oggetti che "implementano" una data interfaccia.

Abbiamo visto nei capitoli precedenti che in Ruby, e in genere nei linguaggi a oggetti di scripting, possiamo utilizzare il polimorfismo anche senza le interfacce, cioè ammettendo che, se l'oggetto passato al metodo polimorfico non implementa determinati metodi, avremo un errore a run-time.

In realtà a volte può essere difficile se non impossibile, non avendo a disposizione ad esempio il commento di un certo codice sorgente, sapere se una certa classe è stata progettata per un utilizzo polimorfico.

Ebbene, grazie ai mixin, noi possiamo rendere esplicita la nostra intenzione di voler far implementare a una classe una determinata interfaccia, o, in altri termini, ad assicurare il programmatore che utilizzerà il nostro codice, che questo utilizza un certo modulo come interfaccia, quindi garantendo che i metodi in quel modulo saranno implementati.

Ad esempio:

```
module Animale
  def mangio
    puts "Sono un animale e mangio"
  end
end

class Uccello
```

```
  def volo
    puts "Sono un uccello e volo"
  end
end

class Gazzella < Uccello
  include Animale

  def mangio
      puts "Sono una gazzella e mangio"
  end
end

def metodopolimorfico(animale)
    animale.mangio
end

metodopolimorfico(Gazzella.new)
```

In questo codice noi abbiamo una classe di *Gazzelle* che eredita dalla classe base *Uccello*. Qui il programmatore vuole dirci che *Gazzella* è (IS-A) sì un *Uccello*, ma è "anche" un *Animale* (infatti implementa "mangio"). In questo modo il client-programmer che vuole sapere se potrà passare una "Gazzella" al suo metodo "*metodopolimorfico*" che prende in ingresso un "Animale" è assicurato: siccome Gazzella è un mixin di Animale, sicuramente rispetta l'interfaccia di Animale (che nel nostro caso è il metodo mangio).

Non solo: *Gazzella* può fare l'override di un metodo incluso. Infatti lo fa, e "mangio" di Gazzella ha un'implementazione diversa da "mangio" di Animale. Chiaramente, poteva anche non farlo, mantenendo l'implementazione originale. Qui sta la differenza con le interfacce, che sono sempre astratte e vanno sempre e comunque implementate.

Esercizi

1. Scrivere un programma che contenga un modulo che calcola le tasse. Il modulo contiene due metodi: *netto*, che calcola l'importo netto dovuto, e prende in input il lordo e il tasso d'interesse, e *tasse*, che restituisce il quantitativo di tasse dovuto (magari richiamando il metodo *netto*) e prende in input anch'esso il lordo e il tasso d'interesse. Scrivere il codice che richiama il modulo appena create.

2. Utilizzando il programma scritto nell'*esercizio 1*, aggiungere una classe, fuori dal modulo, che si chiama Tasse e prende come argomento nel costruttore un tasso di interesse. Utilizzando la tecnica del mixin, scrivere due metodi di questa nuova classe che restituiscono il netto e il quantitativo di tasse dovute utilizzando il codice presente nel modulo creato nell'esercizio 1. Chiaramente, siccome il tasso di interesse viene passato nel costruttore, i nuovi metodi della classe Tasse devono prendere come parametro in input solamente il "lordo". Spiegare perchè il mixin consente efficacemente di riutilizzare codice già scritto.

3. Scrivere una funzione che, dato il raggio, calcola la circonferenza di un cerchio. Utilizzare, per farlo, la costante PI che si trova nella libreria standard *Math*

RAILS

1. Cos'è e cosa non è Rails

Abbiamo finora visto abbastanza di Ruby per poterci lanciare su Rails. Abbiamo visto abbastanza, non tutto tuttavia. Per questo vi rimando a un libro di livello più avanzato sul linguaggio Ruby. Similmente non vedremo "tutto" di Rails, ma quanto basta per cominciare a scrivere in autonomia qualche applicazione. Mi rendo conto che esiste della confusione attorno a *Ruby On Rails*. Nel primo capitolo abbiamo intanto cercato di chiarire cosa sia *Ruby* e cosa sia *Rails*. È venuto il momento per cercare di approfondire meglio. Comincerei col dire cosa "è" Rails.

Rails è una piattaforma per lo sviluppo di applicazioni (in inglese, un *framework*). Con questo termine si intende una serie di strumenti (librerie, compilatori, documentazione di supporto) che servono per sviluppare un'applicazione software. Un linguaggio da solo non basta, così come delle librerie da sole non bastano: un framework è composto da un linguaggio, una libreria e molti altri strumenti di supporto. Di framework ne esistono molti. I più famosi, nell'ambito delle applicazioni enterprise, sono il *.NET Framework* e *Java 2 Enterprise Edition (J2EE)*.

Poi, Rails è un framework per lo sviluppo di applicazioni Web (*web framework*), cioè un tool per scrivere applicazioni che sono utilizzabili via HTTP, quindi normalmente attraverso un Web Framework, ma anche un device mobile come uno smartphone o un tablet Con Rails non potremo scrivere un'applicazione standalone desktop per Linux Gnome, per dire, o per Windows. Scriveremo invece un'applicazione che verrà fatta girare da un Web Server e verrà fruita da tutti i browser (*Internet Explorer*, *Firefox*, *Safari* e via dicendo) che si connetteranno a quel Web Server. Esistono altri framework per costruire applicazioni Web? Certamente! I più famosi sono Apache Struts, Spring, Java Server Faces, Play o Django.

Passiamo a dire che cosa NON è Rails, in modo da sgombrare subito il campo da malintesi e possibili ambiguità.

Rails non è una tecnologia alternativa ad ASP.NET, a PHP, alle pagine ASP o alle pagine JSP/Servlet, o alle pagine cgi. Tutte queste sono tecnologie per scrivere pagine web dinamiche. Tipicamente, prendono a prestito HTML per scrivere la parte di presentazione e la "mischiano" con il codice lato server - alcuni bellamente come ASP o PHP, altri utilizzando una certa separazione, come le servlet Java o ASP.NET - tanto che si parla comunemente di "spaghetti-code" per indicare che gli spaghetti (l'interfaccia utente) sono mischiati indissolubilmente con il sugo (il codice lato server). Dovessimo sostituire il PHP con una tecnologia basata su Ruby, potremmo benissimo farlo scrivendo un programma, in Ruby, che sfrutti le estensioni *cgi*, come descritto nelle librerie standard *cgi*. Intendiamoci, questo approccio non ha nulla di sbagliato! Anzi, per progetti semplici è addirittura preferibile.

2. Il paradigma MVC

Ecco una buona definizione di cosa è Rails:

"Rails è un framework completo per lo sviluppo di applicazioni che abbiano un database sottostante, in accordo con la teoria Model-View-Controller. Da Ajax per la parte View, al paradigma request/response del Controller, al Model dei dati con cui è descritto il database, Rails vi fornisce un ambiente di sviluppo puramente in Ruby. Per andare in produzione, tutto ciò di cui avete bisogno è un database e un web server"

La prima cosa che notiamo è la frase "che abbiano un database". Dunque Rails non serve per tutti quei siti Web che invece non hanno un database. Chiaramente, non ha molto senso mettere in piedi un database al solo scopo di usare Rails! Questo perché, come vedremo, quasi ogni azione in Rails si riflette in una modifica ad una tabella o a un campo di database e viceversa: l'aggiunta di un nuovo campo al database modifica *automaticamente* l'applicazione Rails. Insomma, il connubio tra Rails e il Database è molto forte.

La seconda cosa che notiamo è questo accenno alla teoria Model-View-Controller (MVC). Questa teoria, che nasce dai fallimenti dei vari *spaghetti-code*, dice che in un'applicazione di una certa complessità vanno rigidamente divisi gli strati di Dati (detti Model, cioè Modello dei Dati), di Presentazione (cioè l'interfaccia utente, o quello che l'utente vede sul proprio browser, detta View, vista) e Controllo (cioè del meccanismo che serve a connettere i Dati con la loro rappresentazione grafica, in altre parole a ciò che permette l'Interazione con i Dati). Rails segue in modo ortodosso i dettami MVC, tanto che fin dall'inizio avremo a che fare con tre sezioni separate: una per M, una per V e una per C. Ma ci arriveremo.

La terza e ultima cosa che notiamo è che Rails è un ambiente di sviluppo "puramente" in Ruby. Cosa significa? Significa che non dovremo utilizzare altra tecnologia di scripting che non sia Ruby. Possiamo scrivere un'applicazione Rails 100% in Ruby, quindi senza scrivere un tag HTML o uno script JavaScript. Possiamo farlo, anche se nella realtà, qualche riga di HTML e JavaScript la metteremo pure. In realtà qui sta a significare che il motore di tutto è Ruby, e che conoscendo Ruby è possibile utilizzare Rails nella sua interezza.

3. Perché Rails è diverso

Fin qui uno potrebbe dire: Rails è uno dei tanti framework per scrivere applicazioni Web di classe enterprise. E non avrebbe torto. Tuttavia Rails si distingue per una serie di concetti che applica che lo rendono di più facile utilizzo e che permettono di raggiungere risultati più velocemente. Detto questo, va anche detto che Rails non è "pura magia": come ogni altra tecnologia ha i suoi punti di forza e quelli di debolezza.

Concentriamoci su ciò che rende Rails molto speciale. Si tratta principalmente di due cose.

La prima cosa è: "*Convention over Configurarion*" (CoC). Normalmente nei framework Web esistono uno stuolo di file di configurazione (normalmente in XML) che permettono di effettuare il fine tuning dell'applicazione in ogni aspetto. Non troverete molti di questi file in Rails! Questo perché si è scelto un approccio differente: le cose in Rails si realizzano, invece che impostando i valori di una serie di parametri, adeguando la struttura del codice a certe "convenzioni".

Facciamo un esempio semplice. Supponiamo di voler scrivere una pagina Web dinamica che presenta una tabella di un database. Con un normale framework, dobbiamo non solo indicare la tabella, ma configurare in una serie di file esterni come vogliamo che la tabella sia presentata (se col bordo, con l'intestazione, su una pagina, su più pagine e via dicendo). Prima di aver finito la configurazione non funziona nulla (o funziona male). In Rails dobbiamo solamente indicare il nome della tabella: la pagina Web esiste già ed è pronta per essere visualizzata. Magia? No, convenzione. L'approccio è quello di dire: se il programmatore non ha specificato se vuole il bordo, se vuole la paginazione, se vuole l'intestazione, io assumo dei *default*, cioè seguo una convenzione. Dopo di che il programmatore è liberissimo di modificare ogni aspetto della pagina: per ora, assumo delle convenzioni e tutto funziona comunque.

La seconda cosa è: "*Cambiamento istantaneo*". Rails è costruito in modo tale per cui se io cambio una tabella, cambio un file di logica in Ruby, oppure ancora cambio un parametro, l'applicazione Web cambia istantaneamente. Cioè non devo fare alcune cose a cui sono normalmente abituato:

- ricompilare
- ri-startare il server
- effettuare il deployment

Grazie soprattutto a Ruby e a come Rails riesce a dialogare con il database e il Web Server, quasi mai è necessario modificare l'ambiente perché un cambiamento vi si rifletta sopra.

4. Rails su Windows

Passiamo adesso alla parte divertente: installiamo Rails. Ci sono veramente molti modi per farlo, e quello più immediato, ma non più semplice, è quello di andare sul sito di Rails, e seguire le istruzioni che lì sono date.

Installare Rails su Windows non è semplicissimo. È possibile utilizzare le opzioni già pronte su:

```
http://installrails.com/
```

Però la cosa migliore, anche da un punto di vista didattico, consiste nello scaricarlo come Ruby Gem, utilizzando da un Command Prompt con i diritti di Amministratore il comando:

```
gem install rails
```

Bisogna a questo punto ricordare che per scaricare Rails da Gem occorre avere un ambiente di sviluppo e un compilatore C adeguato. Per fortuna, l'ambiente di sviluppo è completamente raccolto in un package che si chiama DevKit e che è installabile da qui:

```
http://rubyinstaller.org/add-ons/devkit/
```

Una volta installato il DevKit in una directory, occorre dare i due comandi:

```
ruby dk.rb init
ruby dk.rb install
```

Rails ha requisiti complessi per poter funzionare. In particolare dovremo avere un database installato e funzionante e un Web Server per servire all'esterno l'applicazione sotto forma di sito Web e Web Services. Va però considerato che per le esigenze di sviluppo basta utilizzare la normale distribuzione di Rails, che comprende un database embedded (SqlLite) e un Web Server di base (WEBrick).

Se non volete utilizzare un database più complesso, la scelta più facile per archiviare i dati consiste nell'utilizzare SqlLite, che altro non è che un formato dati per mantenere piccoli database. Può essere gestito interamente con un programma che si può scaricare qui:

```
http://www.sqlite.org/
```

Una volta installato Rails, dovreste essere in grado di eseguire da linea di comando:

```
rails --version
```

In questo libro useremo la versione di Rails 4.1. Qualsiasi versione successiva alla 4.0 va però ugualmente bene.

5. Rails su Linux

Se avete Linux avrete sicuramente dimestichezza con i tool per effettuare il download di un pacchetto, e dovreste seguire questa

strada anche con Rails. Naturalmente si tratta di un percorso complesso. Un'alternativa, è quella di utilizzare una distribuzione Linux
Live in cui sia presente Rails.

Per installare Ruby On Rails utilizziamo Gem come segue:

```
sudo gem install rails --include-dependencies
```

Tutto qui? Sì, normalmente questo conclude l'installazione su Linux.

6. Rails su MacOS X

Per cominciare occorre avere XCode installato. Si può scaricare da
Apple Developer Connection.

Per verificare se effettivamente ruby e rails sono installati, basta
lanciare questo comando da console:

```
rails -v
```

Se non lo dovesse essere, il sistema vi dirà che

```
Rails is not currently installed on this system.
```

In questo casa aprite un terminale e digitate:

```
sudo gem install rails
```

È consigliabile comunque effettuare un aggiornamento:

```
sudo gem update -system
sudo gem update
sudo gem install activeresource
```

Per avere una installazione un po' più completa, basta aggiungere MySQL, scaricandolo da:

```
http://www.mysql.com/downloads/
```

Una volta finito il download, viene montato automaticamente il dmg, presentandoci due pacchetti - uno è il DB vero e proprio, l'altro consente l'aggiunta alle applicazioni in startup automatico – possiamo in ogni caso decidere di non far partire automaticamente il server di MySQL, ma di usare il pannello di controllo del Mac (System Preferences...) per farlo.

Insieme al server viene installato un ottimo strumento per la gestione grafica del DB che si chiama MySqlWorkbench: lo troverete nel LaunchPad.

7. Un giro di prova

Potete subito provare il vostro nuovo ambiente creando una directory temporanea, posizionandovici dentro e digitando:

```
rails new weblog
```

Questa istruzione genera un completo sito Rails di esempio. Se tutto va bene, alla fine dell'installazione potrete eseguire il comando:

```
rails server
```

per far partire il nuovo sito su un Web Server WEBRick. Aprendo un browser qualunque – ad esempio Firefox o Chrome – su

```
http://localhost:3000
```

dovreste essere in grado di navigare su un sito simile a quello mostrato in figura:

Welcome aboard

You're riding Ruby on Rails!

About your application's environment

Browse the documentation

Rails Guides
Rails API
Ruby core
Ruby standard library

Getting started

Here's how to get rolling:

1. Use `rails generate` to create your models and controllers

   To see all available options, run it without parameters.

2. Set up a root route to replace this page

   You're seeing this page because you're running in development mode and you haven't set a root route yet.

   Routes are set up in *config/routes.rb*.

3. Configure your database

   If you're not using SQLite (the default), edit *config/database.yml* with your username and password.

Infine vi consiglio di fare la conoscenza con il sito web che maggiormente userete nello sviluppo delle vostre applicazioni:

```
http://guides.rubyonrails.org/
```

vera e propria Bibbia per lo sviluppatore Rails.

È possibile specificare, quando si crea un sito con il comando 'rails', quale tipo di database usare. Se nulla è specificato, la corrente versione di Rails utilizza SqlLite, che è un motore database relazionale che ha il vantaggio di operare interamente su di un file all'interno della cartella del progetto. Rails supporta nativamente, oltre a SqlLite, MySQL e PostgreSQL. Se si vuole specificare un tipo di database, si usa l'opzione '-d', ad esempio:

```
rails -d mysql miosito
```

8. Creare un progetto Rails sul cloud

Fino a non molto tempo fa, per ospitare un'applicazione Web complessa, occorreva fisicamente trovare delle macchine su cui installarla. Per installare un'applicazione basata su Ruby On Rails, occorreva individuare un HTTP Server, un Database Server, e un Application Server che di fatto costituisce l'ambiente di run-time di Ruby. Questi tre server potevano essere ospitati su una singola macchina o su due o più macchine differenti. Naturalmente, la potenza di calcolo complessiva dipendeva strettamente dalle scelte fatte in fase di dimensionamento di queste macchine.

Oggi con i servizi di cloud offerti sul mercato secondo ogni immaginabile necessità e portafoglio, è possibile configurare questi server su macchine virtuali che stanno "on-the-cloud", e che hanno il vantaggio di poter essere dimensionate in modo dinamico a seconda dei requisiti. Ad esempio, se la mia applicazione è normalmente utilizzata da mille utenti, ma nel periodo natalizio è utilizzata da diecimila utenti posso decidere che a partire dal dieci dicembre fino al sei gennaio, invece che avere l'Application Server su una macchina con due core a 1,2Ghz e 16GB di RAM, lo posso avere su una macchina con otto core a 2,4Ghz e 32GB di RAM. E questo è solo un esempio. Normalmente, su un cloud, posso decidere la potenza dei miei server in termini di:

- Numero di CPU
- Numero di core per CPU
- Frequenza di CPU
- Quantità di RAM
- Quantità di disco
- Traffico garantito servito

Oggi è perciò possibile creare un'applicazione Rails sulla propria macchina di sviluppo e renderla pubblicamente distribuibile attraverso un cloud.

Il mercato offre molte soluzioni di cloud per applicazioni Ruby On Rails, di seguito ne illustro alcune:

- **Microsoft Azure**
  È possibile installare Rails su una o più macchine Linux (tipicamente Ubuntu Server). La versione di Ruby e di Rails è decisa dalla Microsoft, ma normalmente è molto vicina all'ultima disponibile.
  I server creati nel Cloud sono accessibili via SSH, attraverso Telnet. Per farlo, normalmente in ambiente Windows si usa Putty oppure la Powershell di Windows

- **Amazon Web Services**
  Ruby e Rails sono forniti su una soluzione impacchettata in una gem che si chiama "AWS SDK for Ruby". In questa soluzione troviamo Ruby e Rails aggiornati solitamente all'ultima versione stabile. L'upload e l'aggiornamento dell'applicazione avvengono attraverso un'utility AWS che si chiama Elastic Beanstalk.

- **Heroku**
  Piattaforma di cloud famosatra gli sviluppatori perché offre un servizio di base completamente gratuito che non necessita della carta di credito per essere attivato. Heroku offre una piattaforma Ruby On Rails in linea con gli standard di mercato. L'aggiornamento e la gestione dell'applicazione avvengono attraverso un programma a linea di comando chiamato "Heroku Toolbelt". Heroku

fornisce una serie di DB da associare a Rails, che vanno dai relazionali MySql e Postgresql, ai NoSql MongoDB e Redis.

- **IBM BlueMix**
  La nuova soluzione Cloud di IBM mette a disposizione una distribuzione Ruby On Rails ottimizzata per essere facilmente utilizzabile e poco pesante. Per utilizzare le macchine virtuali in Cloud si usa il programma a linea di comando "Cloud Foundry".

Di seguito parleremo di una serie di strumenti molto utili o addirittura indispensabili se si vuole creare un'applicazione con Rails.

9. Capistrano

Negli ultimi anni sono nati molti componenti che hanno lo scopo di automatizzare e personalizzare il processo di deployment di un'applicazione. Spesso infatti – e soprattutto se la nostra applicazione risiede su un cloud – per effettuare il deploy in ambiente di test o di produzione, occorre effettuare lunghissime operazioni manuali, che spesso possono portare con sé errori.

Capistrano è l'applicazione che automatizza il processo di deploy remoto per applicazioni Ruby e Ruby On Rails. È in grado di eseguire remotamente le procedure sistemistiche più comuni, raccogliere i risultati, e comportarsi adeguatamente in caso di fallimenti o warning.

Gli script per automatizzare il deployment utilizzano le API esposte da Capistrano e sono a tutti gli effetti script in Ruby.

10.   Bundler

Abbiamo visto con Gem che è possibile recuperare qualsiasi pacchetto software ufficiale per Ruby.

Bundler fa un passo in più: gestisce direttamente le dipendenze, cosicché se un pacchetto per funzionare deve trovare un altro pacchetto, il quale a sua volta ha bisogno di un altro pacchetto, Bundler gestisce tutte le operazioni di installazione per noi.

Qualsiasi applicazione Rails, per essere installata correttamente su una macchina nuova, normalmente non deve far altro che invocare il Bundler, con questa sintassi:

```
bundle install
```

11.   Embedded Ruby (eRuby or ERB)

Rails funziona secondo il concetto di "templating", che significa: fammi vedere un esempio di che cosa vuoi - cioè un template - e io costruirò le relative pagine. Esistono tre tipi di template in Ruby:

- template HTML
- template JavaScript
- template CSS

Cominciamo col vedere i template HTML, che sono file con estensione *.html.erb*. Questo template viene usato da Rails per creare on-the-fly le pagine html che verranno mandate al browser richiedente. Sono simili, in questo senso, alle pagine PHP e ASP. Gli elementi dinamici delle pagine *.html.erb* sono contraddistinti da tag che cominciano con <% e finiscono con %> - *il che dovrebbe ricordare qualche altra tecnologia...*

Ad esempio:

```
<% [ruby code] %>
```

È anche supportata la sintassi:

```
<%= [variabile, o select...] %>
```

che server per "stampare" nella pagina HTML un valore. Quando questi file entrano in gioco? *Rails* genera un file di *view* per ogni metodo del controller, cioè di fatto genera una pagina associata a ciascun metodo. Ad esempio, se esiste una entità *libro*, il cui controller definisce tre azioni: new, show ed edit, noi avremo nella cartella *views/books* tre template:

- *new.html.erb*

- *show.html.erb*

- *edit.html.erb*

L'estensione "erb" sta per "embedded Ruby". L'idea alla base di *embedded Ruby* è quella di "iniettare" del codice Ruby dentro una pagina di codice sorgente di front-end per modificarlo lato server prima che esso vengo fornito al browser.

Così ad esempio potremmo avere un file

- *.html.erb

dove dentro il codice HTML metto del codice Ruby, oppure

- *.js.erb

dove dentro codice JavaScript metto del codice Ruby, oppure ancora

- *.css.erb

dove, per modificare un foglio di stile css metto del codice Ruby.

Vediamo qualche esempio: il primo riguarda un documento HTML con una parte di Ruby, delimitata da <%= e %>

```
<!DOCTYPE html>
<html>
  <body>
    <p>Hello, <%= user.first_name %>.</p>
  </body>
</html>
```

Questo documento viene elaborato da parte del server che richiama l'oggetto 'user' e stampa l'attributo 'first_namÈ dopo *Hello.*

Similmente possiamo manipolare, ad esempio, un file .css:

```
.navbar {
  background-image: url(<%= asset_path  logo.png  %>);
}
```

12. CoffeeScript

CoffeeScript è un linguaggio moderno, sintetico ed efficace che compila in JavaScript. Nei progetti web complessi, l'uso di CoffeeScript si sta via via imponendo, perché rende la creazione e la manutenzione del codice lato client molto più veloce e snella.

Ogni applicazione Web complessa, come quelle scritte in Rails, è normalmente suddivisa in codice lato server – che in Rails è scritto in Ruby – e codice lato client – normalmente scritto in JavaScript ed eseguito nel browser.

Purtroppo però, JavaScript è un linguaggio che ha origini antiche, che permette la scrittura di codice molto difficile da mantenere, disorganizzato, e inutilmente prolisso.

Con CoffeeScript possiamo dimenticarci di scrivere il codice lato client dell'applicazione in JavaScript. Infatti, al momento della compilazione di un progetto Rails, il codice lato client scritto in CoffeeScript viene compilato in JavaScript.

È da notare che CoffeeScript è il linguaggio di default in Ruby per la creazione di codice lato client. Infatti, ogni volta che creerete una vista nuova, verrà creato il relativo file in CoffeeScript sotto la cartella *assets/JavaScripts*

13. Migrations

Uno dei maggiori punti di forza di Rails è che non si deve mettere mano al database quando si configura e si scrive un'applicazione. Per scrivere applicazioni web complesse, una volta era necessario prima disegnare il modello dati, poi implementarlo nel database server sotto forma di tabelle, relazioni tra tabelle, stored procedures and functions, indici e via dicendo. Questo approccio presentava due gravi problemi: prima di tutto era necessario mantenere una doppia logica: a oggetti per l'applicazione, e a entità-relazioni per i dati. Secondariamente, ogni modifica al codice a oggetti dell'applicazione poteva implicare una riscrittura del database con pesanti conseguenze sui dati che nel frattempo potevano essere stati archiviati. Con la nascita degli strumenti ORM (Object-to-Relational-Mapper) si è sviluppata una tecnologia che leggendo il codice a oggetti era in grado di creare le tabelle su un database e, in caso di aggiornamenti al modello a oggetti dell'applicazione, di aggiornare il modello dati di conseguenza. Questa tecnologia permette di mantenere una sola logica valida sia per il codice sia per i dati: la logica a oggetti. Le tecniche ORM hanno poi un grande vantaggio: quello di essere agnostiche rispetto al database: ovvero è possibile scegliere un database server durante qualsiasi momento dello sviluppo, e cambiarlo se necessario.

In Rails l'ORM è un concetto nativo. Grazie infatti al meccanismo delle "migrazioni" è possibile lasciare al codice in Ruby il completo controllo sulla creazione, sull'aggiornamento e sulla cancellazione di elementi del database come tabelle, campi e viste. Tutte le operazioni vengono eseguite attraverso *rake*. Se vi ricordate dal primo capitolo, Rake è lo strumento Ruby che serve per "costruire" le applicazioni in

Ruby, cioè in sostanza è un generatore di eseguibili. Qui viene utilizzato un po' come si usano i file batch in DOS, per permettere cioè l'esecuzione e l'organizzazione di alcuni sorgenti in Ruby. Per vedere tutti i comandi disponibili in Rails attraverso Rake, digitiamo:

```
rake -T
```

Le migrazioni (*migrations*) sono un modo per automatizzare la creazione e la modifica del database mantenendo i dati in esso presenti. In pratica, esse permettono di ricreare un certo stato di un DB su qualsiasi macchina, e con qualsiasi engine SQL. Ad esempio, un'applicazione Rails ben scritta può essere portata, attraverso le migrazioni, da una macchina con DB MySQL ad una con Oracle senza dover scrivere o modificare alcuna linea di codice SQL.

Normalmente, però, le migrazioni servono per non dover ricreare un database ogni volta che effettuiamo un cambiamento sul modello dei dati. Con alcune avvertenze, è possibile persino cambiare il modello del DB senza perdere i dati in esso contenuti.

L'idea alla base è che, durante le fasi di sviluppo del progetto, invece che mantenere un singolo file che crea la struttura del database, e aggiornarlo ogni volta che i modelli devono essere modificati, si creano una serie di piccole patch – che si chiamano *migrations* – che vengono applicate sequenzialmente alla struttura database iniziale, in modo da portarla gradualmente alla struttura finale. Il vantaggio di questo tipo di approccio è duplice:

a.   Permette di ricreare in qualsiasi momento lo stato dello schema del database ad una data nota
b.   Permette di selezionare i cambiamenti al database in modo dinamico, ad esempio immettendo o togliendo una modifica in base alle necessità.

14. Scaffolding

Lo "scaffolding" (letteralmente: "ponteggi") è l'operazione di Rails che crea le prime strutture MVC in Ruby leggendo da un database esistente. Questa operazione genera lo scheletro dell'applicazione, cioè quei file che faranno da front-end tra l'utente e il database.

Lo scaffolding è un modo per cominciare a creare un'applicazione Web nel caso particolare in cui:

    a.   Esiste un database già popolato
    b.   Non abbiamo la necessità di "portare" l'applicazione generata con lo scaffolding su altri database

È un buon modo per il principiante per capire come funziona Rails e per cominciare ad avere un'applicazione funzionante senza dover scrivere una linea di codice in Ruby. Tra l'altro, un altro dei vantaggi dello scaffolding è che ci permette di imparare velocemente come devono essere implementati i vari file, per poi procedere, come si dice, "by example", cioè seguendo l'esempio del codice generato in automatico.

Tuttavia, noi non "gettaremo i ponteggi" nel creare le applicazioni di esempio che trovate di seguito, per il motivo che la generazione di oggetti (classi) e la successiva serializzazione utilizzando i modelli (models) di Rails è il modo più corretto per procedere.

Vediamo invece adesso una veloce carrellata su come

La sintassi del comando "scaffold" è la seguente:

```
rails scaffold [NomeTabella_al_singolare] campo:tipo campo:tipo ...
```

Nelle versioni anteriori alla 2.0, invece di questo comando occorreva mettere:

```
script/generate scaffold [NomeTabella_al_singolare] campo:tipo campo:tipo ...
```

Una volta eseguito lo scaffolding, per ogni entità del database noi avremo ottenuto una parte del sito che effettua la modifica, l'inserimento e la visualizzazione dei dati presenti.

Queste pagine mostreranno tutti gli elementi presenti nelle tabelle, permettendoci di modificarle, o di creare nuovi item. Si tratterà di un'applicazione molto primitiva, ma è qualcosa pronto per partire.

Rails costruisce in automatico per noi le famose operazioni **CRUD** di un database tipico, cioè:

- **C** create (crea)

- **R** read (leggi)

- **U** update (modifica)

- **D** cancella

Per questo capitolo ci fermiamo qui.

GENERARE UN'APPLICAZIONE RAILS

1. Web Application

Dopo aver installato Rails, siamo pronti per generare la nostra prima applicazione Web. L'obiettivo che ci poniamo in questo e nei prossimi due capitoli è di imparare ad effettuare i primi passi con Rails, capire qual è il motivo che sta dietro a certe scelte, ed essere in grado di effettuare autonomamente delle modifiche. Di conseguenza l'applicazione sarà un'applicazione di esempio, di poca o nulla utilità pratica. Successivamente, durante il *tutorial* presentato in appendice, cercheremo invece di creare un'applicazione completa, un sito dinamico per una community.

Ogni applicazione Rails condivide la stessa struttura di base. In effetti, si tratta della stessa impostazione del filesystem, in termini di file e directrory. Questa struttura la genera per noi Rails la prima volta che lo lanciamo. La struttura è la stessa su Windows, su Linux o su Mac. Ancora una volta, cosa assicuriamoci di avere *rails* installato. Lo verifichiamo lanciando:

```
rails --version
```

A questo punto useremo il comando

```
rails [nome_applicazione]
```

per creare la struttura. Infatti, essendo Rails un framework basato sulla convenzione (*convention*), è di vitale importanza che tutte le applicazioni Rails abbiano la medesima struttura, cioè che ad esempio tutte le immagini siano messe sotto la directory:

```
app/assets/images
```

L'applicazione di esempio che ci accingiamo a creare rappresenta un sito dinamico per gestire una piccola biblioteca. Ha senso perciò chiamarla *biblioteca*.

Questa applicazione che generiamo avrà tutti i file di base di un'applicazione Rails, e avrà come database un database SqlLite. È ovviamente una soluzione comoda per un ambiente di sviluppo, ma per applicazioni normali sarà meglio usare un DB più carrozzato, ad esempio MySQL. Partiamo dunque a generare il sito:

```
rails biblioteca
```

In questo modo Rails crea per noi l'intera struttura dell'applicazione, e l'output a video dettaglierà ogni file creato.

Rails ha creato per noi la struttura del file system della nuova applicazione, sotto la directory *biblioteca*. Noi andremo ad operare, per la maggior parte, in alcune parti di questa struttura, particolarmente quelle sotto la directory "app", che al momento sono vuote:

- La directory *app/models*
  È la parte M del modello MVC: si tratta cioè del modello dei dati. Conterrà le classi che gestiscono direttamente i dati sul DB

- La directory *app/views*
  È la parte V del modello MVC: l'interfaccia utente. Qui saranno tenuti i template grafici che serviranno l'applicazione al Web Server

- La directory *app/controllers*
  La parte C del modello MVC: i controllers. Un controller è una classe che prende in input una *web request* e decide come rispondere.

Come funziona un'applicazione Rails a run-time? Tutto ha inizio con una "web request", cioè ad esempio la richiesta HTTP della home page del nostro sito. Se abbiamo finora visto siti HTML statici o siti in PHP o ASP siamo abituati a pensare che la richiesta finirà sul Web Server e il Web Server fornirà al browser chiamante la pagina richiesta, subito se questa è statica, oppure dopo opportuni cambiamenti se è dinamica.

Abbiamo però detto che Rails crea un'applicazione, proprio come se fosse una serie di programmi in C compilati. Quello che accade quando Rails riceve una "Web Request" è che subito viene invocata una classe Ruby (una *classe controller*) e un particolare metodo di quella classe, indicato nell'URL. Tipicamente questo metodo va a leggere o a scrivere sul database, modificando la struttura attraverso una *classe model*. Infine utilizza una *classe view* per generare al volo un file HTML da mandare al browser richiedente. Questo è il ciclo base di un'applicazione che segue il paradigma MVC. Di nuovo, ricapitolando: l'applicazione riceve una richiesta via HTTP, decide il da farsi sulla base di una classe Controller, modifica dei dati sulla base di una classe Model e infine elabora una risposta grafica con una classe View.

2. Creazione del primo controller

Per cominciare, dunque, dovremo costruire un *Controller* che agisca come punto di ingresso della nostra applicazione. Questo *Controller* esporrà diverse *View*, ma inizialmente la *View* di default, cioè quella che l'utente vede appena si connette al nostro sito. L'insieme di Controller e View si chiamano Action Pack.

Chiamiamo così il Controller "main", e definiamo una vista di default che chiamerermo "index"

```
rails generate controller main index
```

Una volta lanciato questo comando, vedremo che Rails genera per noi una serie di file:

```
create   app/controllers/main_controller.rb
route  get 'main/index'
invoke  erb
create     app/views/main
create     app/views/main/index.html.erb
invoke  test_unit
create     test/controllers/main_controller_test.rb
invoke  helper
create     app/helpers/main_helper.rb
invoke     test_unit
create        test/helpers/main_helper_test.rb
invoke  assets
invoke     coffee
create        app/assets/JavaScripts/main.js.coffee
invoke     scss
create        app/assets/stylesheets/main.css.scss
```

Il primo file creato, *main_controller.rb*, è il file Ruby che contiene la logica del Controller. Aggiunge quindi una "route" per raggiungere quella che per ora è l'unica vista associata al Controller, cioè index. Approfondiremo poi cosa sono le route, per ora ci basti sapere che sono delle mappature tra le URL del sito e la logica.

Viene poi creato un file embedded Ruby (erb) che contiene il template HTML della vista index.

Viene creato inoltre un file "helper". Questo codice sorgente Ruby conterrà tutte le funzioni ancillari al nostro codice sorgente, utili per fare ad esempio trasformazioni e calcoli che non sono direttamente associabili al controller. Parleremo di questi helper più avanti.

Infine vengono creati due file nella directory assets: il primo contiene il JavaScript che verrà associato alle pagine Web del controller main, e il secondo contiene gli stili delle pagine del controller main. Notate che il JavaScript viene creato sotto forma di file sorgente CoffeeScript. Come infatti abbiamo già detto, tutto il codice JavaScript in Rails dovrebbe essere scritto utilizzando il linguaggio CoffeeScript, che una volta compilato, produce JavaScript.

Ora, per rendere visibile questa prima pagina del nostro sito dobbiamo agire sulla configurazione delle routes che si trova in:

```
config/routes.rb
```

In questo file c'è la descrizione totale di come deve rispondere la nostra applicazione in relazione alla URL che il browser richiederà al nostro Web Server. In altre parole, qui definiamo quali classi controller, e relative viste, rispondono quando l'utente digita una certa URL.

Normalmente in questo file scriveremo cosa accade quando un comando http (get o post) con un certo percorso arriva come richiesta al nostro Web Server.

Ad esempio:

```
get 'main/index' => 'main#index'
```

dice: se la richiesta è un HTTP GET alla pagina

```
http://[dominiodelmiosito]/main/index
```

devi caricare la funzione *index* del Controller main (cioè di *main_controller.rb*)

Inoltre, qui potremmo definire una entry point di default del sito, cioè cosa accade quando l'utente digita:

```
http://[dominiodelmiosito]
```

Noi imposteremo "index" come la view di default del sito:

```
root 'main#index'
```

Potremmo poi ad esempio aggiungere le righe:

```
get 'index' => 'main#index'
get 'home' => 'main#index'
```

per dire che se l'utente (o noi, attraverso un link) punta alla pagina index o home, viene eseguita la funzione 'index' del controller 'main'.

3. Definizione dei modelli di dato

Ora vogliamo definire cosa farà la nostra applicazione. Per rimanere sul semplice, diciamo che la nostra applicazione di biblioteca fa principalmente tre cose:

- Gestisce il catalogo dei libri disponibili
- Mantiene un'anagrafica degli utenti della biblioteca
- È aggiornata sullo stato dei libri:
    - in prestito (e da chi)
    - disponibile in sede
    - disponibile su prenotazione

Di fatto, occorrerà quindi implementare un modello di dati come quello che segue:

Entità LIBRO (*book*)	Entità UTENTE (*user*)	Relazione UTENTE-LIBRO (1 a N)
•Autore •Titolo •ISBN •Casa Editrice •Anno di pubblicazione	•Nome •Cognome •Numero di Telefono	•Data di presa in prestito

Questo modello dati può essere complicato a piacere, ad esempio possiamo decidere di creare un'entità separata "Autore" e una relazione 1 a N tra Autore e Libro, e così via dicendo.

Cominciamo col creare il modello dei dati relativo ai libri. Semplicemente useremo il comando:

```
rails generate model Book author:string title:string isbn:string publisher:string
year:decimal
```

Come si vede, la lista dei campi è definita come

```
nome_del_campo:tipo_del_campo
```

i tipi supportati sono quelli di SQL standard, e vale a dire:

```
:binary

:boolean

:date

:datetime

:decimal

:float

:integer

:string

:text

:time

:timestamp
```

Similmente, andiamo a generare il modello dati degli utenti:

```
rails generate model User name:string surname:string phonenr:string
```

Cosa hanno fatto questi comandi? Due cose: hanno generato, sotto la directory *app/models* due file Ruby che descrivono il "modello" entità che abbiamo definito, cioè Libro e Utente, ad esempio per libro, *book.rb*

```
class Book < ActiveRecord::Base
end
```

E poi hanno generato due file di migrazione. Una parola sul concetto di migrazione: invece che mantenere un singolo file, ad esempio in linguaggio SQL, che genera tutto il database, Ruby mantiene ogni singola modifica al database sotto forma di un codice Ruby associato a questa modifica. Questo ci permette di fare due cose: di "applicare" le singole modifiche al database indipendentemente le une dalle altre, oppure di ricorstruire il database ad un certo punto della sua storia. In altre parole, è sempre possibile con Rails, riportare il DB ad uno stato noto. Questo viene effettuato lanciando il comando

```
rake db:migrate
```

Quando viene eseguito, *migrate* capisce che abbiamo, rispetto all'ultima volta che abbiamo modificato il DB – nel nostro caso mai, essendo questa la prima volta – effettuato due modifiche. Le esegue entrambe, nell'ordine in cui sono state create, e associa a ciascuna di queste un *timestamp*.

4. Active Record

La definizione delle classi che si trovano in *app/models* ereditano dalla classe **ActiveRecord**.

Il motivo per cui si chiama Active Record dipende dal fatto che Rails implementa quasi esattamente il concetto di Active Record descritto da Martin Fowler nel suo libro Patterns of Enterprise Application Architecture. *Un Active Record è un oggetto che contiene il dato fisico che viene persistito sul database e le funzioni che servono per accedere e manipolare quel dato. È dunque un tipo di oggetto che implementa precisamente ciò che ci si aspetta esistere nello strato Model di un'applicazione MVC.*

Questa classe espone delle proprietà che ci servono nel definire un modello di dati e persisterlo su un database. Queste proprietà sono relative all'istanza, cioè al singolo record. Questa classe espone altri interessanti metodi, che utilizzeremo estensivamente, per effettuare ricerche nel database.

- *find*: trova i record che rispondono a certi requisiti

- *find_by_sql*: trova i record che ritorna una certa select sql

- *delete*: cancella il record

- *save*: crea o fa l'update del record

5. Gestire l'entità libro: controller e view

Ora che abbiamo creato la struttura del DB, possiamo creare le *routes* che serviranno per visualizzare, modificare e inserire un nuovo libro. Per farlo, ci basterà aggiungere al file *config/routes.rb* la riga:

```
resources :books
```

Notate qui per la prima volta una delle convenzioni più usate in Rails: se voglio creare una tabella che contiene libri, mi riferirò al modello dati con la parola in inglese che descrive l'entità, in questo caso: *book*. Quando mi voglio riferire alla "collezione" dei libri, userò il plurale, in questo caso "books".

Con questa aggiunta al file routes.rb, Rails crea per me tutte le seguenti routes, per gestire le operazioni di CRUD (Create, Read, Update, Delete) dell'entità libro.

Per controllare quali sono le routes attive generate dal file *routes.rb*, diamo il comando:

```
rake routes
```

Che nel nostro caso dovrebbe stampare qualcosa di simile a quanto sotto:

```
    books GET     /books(.:format)         books#index
          POST    /books(.:format)         books#create
new_book GET     /books/new(.:format)      books#new
edit_book GET    /books/:id/edit(.:format) books#edit
     book GET    /books/:id(.:format)      books#show
          PATCH  /books/:id(.:format)      books#update
          PUT    /books/:id(.:format)      books#update
          DELETE /books/:id(.:format)      books#destroy
```

Chiaramente, a questo punto abbiamo solamente creato le *routes*, tutto il resto – il controller Books, e tutte le viste associate, cioè index, create, new, edit, show, update e destroy, vanno create.

Cominciamo dal controller:

```
rails g controller books
```

Avrete notato che ho abbreviato "generate" con "g". Questo comando genera il controller

```
books_controller.rb
```

Ora dobbiamo creare le viste. Ogni vista è determinata da due oggetti: una funzione che richiama la vista sul controller, e il relativo template HTML in embedderRuby.

Cominciamo coi metodi per creare un nuovo libro, modificando la classe *books_controller.rb* come segue:

```
class BooksController < ApplicationController
  def new
  end
  def create
```

```
  end
  def show
  end
end
```

Il primo metodo servirà a visualizzare la form per inserire un nuovo libro, mentre il secondo risponderà alla sottomissione della form (cioè al metodo http post) immettendo il nuovo record nel database.

6. Stili e template

Fino ad ora non ci siamo molto preoccupati della grafica del nostro sito. Sebbene esuli totalmente dagli scopi di questo libro la trattazione di come si disegna un sito web – utilizzando HTML5, CSS3 e compilatori di CSS come LESS oppure SASS, è importante conoscere almeno le basi. In un progetto reale, normalmente un team di esperti di design Web si occuperà per noi di fornirci questi file.

Rails costruisce il sito web utilizzando la nozione di "template". Un template è una pagina scritta in HTML che contiene alcuni spezzoni di codice Ruby, e che ha estensione ".erb" (embedded ruby). Questi file sono contenuti nella directory *views*. Tipicamente, per ogni controller e operazioni gestite controller, verrà associato un template, che altro non è se non il codice HTML della pagina che visualizzerà quelle operazioni, associate alla *route* predefinita. Sono template perché hanno al loro interno dei placeholder per inserire il valore delle variabili, ad esempio, se vogliamo mostrare il titolo di un libro scriveremo nel file .erb associato:

```
<b>Titolo: <%= :title %></b>
```

Il simbolo <% dice che qui interrompiamo l'HTML e inseriamo del codice Ruby. Nello specifico, il simbolo

```
<%=
```

è uno shortcut per

```
<% print
```

e indica che dobbiamo stampare il quel punto del file HTML il valore della variabile. *:title* indica il nome della variabile, che verrà letto nei rispettivi file di *view* e *controller* in Ruby, e infine il simbolo %> determina la fine della porzione scritta in Ruby.

Ovviamente, il nostro sito reale avrà degli stili e una configurazione globale che verrà manenuta su tutte le pagine. Per questo esiste un file,

```
views / layouts / application.html.erb
```

che contiene lo scheletro della nostra applicazione, cioè quella parte di HTML comune a tutte le nostre pagine. In questo file, ad esempio, potremmo inserire una struttura di navigazione e una topbar comune a tutte le nostre pagine. Inoltre, da questo template globale richiameremo il codice di stile globale – il file .css o .scss – che definisce la grafica dell'intero sito.

Ora dobbiamo scrivere il template HTML associato alla vista "new" della risorsa "books". Per farlo occorre creare un nuovo file, *app/views/books/new.html.erb*, dentro cui ci sarà un template come questo:

```
<h1>Inserimento nuovo libro</h1>
<%= form_for :book do |f| %>
  <p>
    <%= f.label :author %><br>
    <%= f.text_field :author %>
  </p>
  <p>
    <%= f.label :title %><br>
    <%= f.text_field:title %>
  </p>
  <p>
    <%= f.label :isbn %><br>
    <%= f.text_field :isbn %>
  </p>
  <p>
    <%= f.label :publisher %><br>
    <%= f.text_field:publisher %>
  </p>
  <p>
    <%= f.label :year %><br>
    <%= f.text_field:year %>
  </p>
  <p>
    <%= f.submit %>
  </p>
<% end %>
<p><a href="/">Home</a></p>
```

Usiamo la tag speciale 'form_for' che genera una form per l'oggetto specificato di seguito, nel nostro caso *book*. A questa form viene dato il nome f, e a questo associamo i controlli per inserire i campi dell'oggetto *Book*.

Se ancora non lo avete fatto, migrate alla versione corrente del codice aggiornando il database con il comando:

```
rake db:migrate
```

La form di inserimento nuovo libro la potremo visualizzare in:

```
http://localhost:3000/books/new
```

dopo aver lanciato il server HTTP con

```
rails server
```

e non sarebbe male mettere in Home Page un link a questa pagina, con descrizione "Aggiungi un nuovo libro" – questo lo lascio come facile esercizio per il lettore.

Prima di proseguire aggiungiamo al file *config/application.rb*, all'interno della classe Application, questa linea:

```
config.action_controller.permit_all_parameters = true
```

subito dopo la dichiarazione del modulo Biblioteca. Se abbiamo l'http Server attivo – *rails server* - occorre fare un reboot. In questo modo disabilitiamo i controlli di sicurezza che obbligano a scrivere nei controller tutti i parametri che occorre modificare. Senza questa modifica non potremmo scrivere il metodo del controller associato alla creazione del nuovo libro. Inutile dire che questa pratica è assolumentamente sconsigliata nel caso di siti Web reali.

```
def create
  @book = Book.new(params[:book])
  @book.save
  redirect_to @book
end
```

Questo codice, messo in *controllers/book_controller.rb* ci permette di leggere i parametri passati con il form post, che sono memorizzati in

```
params[:book]
```

Con questi, inizializziamo un nuovo oggetto di tipo "Book", che è il modello per il database che abbiamo creato in precedenza, e con il metodo "save" lo salviamo sul database. Finito questo, mostriamo la pagina che fa vedere il dettaglio del libro. Ma questa la dobbiamo ancora implementare. Per farlo, come al solito, aggiungiamo una vista:

```
app/views/books/show.html.erb
```

e ci mettiamo del codice HTML per mostrare il libro:

```html
<h1>Dettagli libro</h1>
  <p>
    <b>Autore: </b>
    <%= @book.author %>
  </p>
  <p>
    <b>Titolo: </b>
    <%= @book.title %>
  </p>
  <p>
    <b>ISBN:</b>
    <%= @book.isbn %>
  </p>
  <p>
    <b>Casa Editrice: </b>
    <%= @book.publisher %>
  </p>
  <p>
    <b>Anno: </b>
    <%= @book.year %>
  </p>
```

```
<p><a href="/books">Torna al catalogo libri</a></p>
```

Ora, aggiungiamo anche un metodo al controller dei libri per descrivere cosa deve accadere quando un utente vuole visualizzare un libro, cosa che, per convenzione, accade quando uno digita la URL:

```
http://localhost:3000/book/[id]
```

dove *id* è l'identificativo chiave del libro che, sempre per convenzione, è un numero che parte da uno e viene aumentato ad ogni nuovo libro che salviamo.

Aggiungiamo dunque a *books_controller.rb* questo metodo:

```
def show
  @book = Book.find(params[:id])
  if not @book.available_for_rent?
    @whohasit = User.find(@ebook.user_id).surname
  end
end
```

Come abbiamo visto in precedenza, questo metodo genera un attributo di classe chiamato "@book" che potrà essere visto dalle nostre pagine *.erb* e che quindi conterrà i campi del libro salvato. Per estrarre le informazioni sul libro, prendiamo l'id, che viene passato sulla URL che lo prevede esplicitamente

```
http://localhost:3000/book/[id]
```

Anche questa è una convenzione che discende dal fatto di avere usato:

```
resources :books
```

nel file routes.rb, e che questo ha generato le routes che possiamo vedere digitando:

```
rake routes
```

e che ci dicono che quando vogliamo visualizzare un libro lo facciamo secondo una URL così formata:

```
book/:id[/:format]
```

e cioè passiamo il primo valore che è l'id del libro memorizzato nel simbolo ":id" e il secondo, opzionale, memorizzato nel simbolo ":format" – questo formato serve nel caso in cui, invece che mostrare una pagina HTML, noi dobbiamo servire un Web Service, per cui il formato potrebbe essere *XML* oppure *json* oppure quant'altro.

A questo punto, se non abbiamo sbagliato qualcosa, dovremmo poter fare un giro completo sulla creazione di un singolo libro: inserirlo con il comando "new" e poi visualizzarlo con il comando "show".

Infine, creiamo una vista per visualizzare la lista dei libri in catalogo. Questa volta partiamo dal template HTML, che metteremo sotto:

```
app/views/books
```

e chiameremo

```
index.html.erb
```

questo perché questa vista è la lista di default se uno vuole navigare su:

```
http://localhost:3000/books
```

Creaimo il nuovo file e ci mettiamo un codice tipo il seguente:

```erb
<h1>Catalogo libri</h1>

<table border="1">
  <tr>
    <th>Autore</th>
    <th>Titolo</th>
  </tr>

  <% @books.each do |book| %>
    <tr>
      <td><%= book.author %></td>
      <td><a href="/books/<%= book.id %>"><%= book.title
%></a></td>
    </tr>
  <% end %>
</table>

<p>
<a href="/books/new">Aggiungi un libro al catalogo</a>
</p>
```

Notate la sintassi tipica Ruby del ciclo *for* e il link al dettaglio del libro che ho messo sul campo *Titolo*. Adesso, alla classe BooksController aggiungiamo il metodo:

```ruby
def index
  @books = Book.all
end
```

Mentre, in Home Page, aggiungeremo un link al catalogo libri appena creato.

```
<h1>Biblioteca</h1>
<div>
    <p>Benvenuti al programma di gestione della biblioteca.</p>

    <a href="/books">Visualizza il catalogo libri</a>

</div>
```

7. Dove sono finiti i dati?

Abbiamo creato un libro o una serie di libri. Ma la domanda è: dove sono finiti questi dati?

La risposta dipende dal tipo di installazione di Rails che abbiamo scelto. Normalmente, e se avete seguito le istruzioni fin qui sarà così, i vostri dati sono in un database relazionale compatto chiamato *SqlLite*, che ha la facoltà di salvare un intero database in un file.

Per vedere ed effettuare query su questo database possiamo scaricare il relativo programma di amministrazione SqlLite; oppure usare SqlLite Browser, che è una GUI per SqlLite;

```
http://sqlitebrowser.org/
```

oppure ancora vedere il tutto online, usando un browser online.

Il database, se usate SqlLite o un altro db engine compatto, si trova sotto la directory "db" e normalmente si chiama con il nome dell'ambiente, perciò per l'ambiente di sviluppo:

```
development.sqllite3
```

Se lo aprite con un apposito visualizzatore, potrete vedere esattamente come sono salvati i vostri dati sul database, con quale schema e con quali attributi, come mostra la figura seguente.

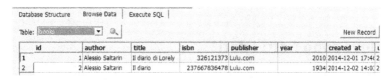

8. Gestire l'entità *utente*: controller e view

Riassumento quanto detto in precedenza, per creare un modello dati e utilizzarlo normalmente eseguiremo in serie questi passi:

    a.   Creazione del modello dei dati
    b.   Esecuzione della migration
    c.   Creazione della *resource* associata (routes)
    d.   Creazione del controller
    e.   Implementazione dei metodi CRUD sul controller
    f.   Implementazione delle viste HTML nei file *.erb*

In precedenza abbiamo creato il modello dati per l'utente e avviato la migration, cosicché adesso la parte database dovrebbe essere già pronta, ora però dobbiamo associargli i metodi di gestione sul controller, le view e le routes. Via veloci:

```
rails g controller users
```

genera il file del controller e gli altri file ancillari.

Questo modello dati genera gli utenti della biblioteca, non gli utenti del sito! Per la generazione degli utenti del sito, con gestione delle password, della login e della registrazione si veda il capitolo "Autenticazione e sessioni"

Nel file così creato, *users_controller.rb*, mettiamo dei metodi molto simili a quelli del controller dei libri:

```
class UsersController < ApplicationController

  def index
    @users = User.all
  end

  def new
    @current_date_time = Time.new.strftime("%d/%m/%Y %H:%M")
    logger.debug "Current time: #{@current_date_time}"
  end

  def create
    @user = User.new(params[:user])
    @user.save
    redirect_to action: 'index'
  end

end
```

Nel metodo "new" abbiamo inserito una nuova variabile di classe, chiamata *current_date_time* che contiene la data e l'ora in cui il metodo è chiamato. Questo ci servirà per salvare su database quando l'utente si è registrato – questa cosa è puramente accademica, perché qualsiasi tabella creata da Rails contiene i campi per registrare il momento in cui un record è stato creato o modificato.

Non dimentichiamoci di inserire, infine, in *config/routes.rb*

239

```
resources :users
```

che sono le nuove *route* dedicate agli utenti, e di verificarle lanciando da linea di comando:

```
rake routes
```

Le *view* che gestiscono l'inserimento di un nuovo utente potremmo ad esempio scriverle così nel file *new.html.erb* sotto la cartella *views/users*

```
<h1>Inserimento nuovo utente</h1>

<%= form_for :user, url: users_path do |f| %>
  <p>
    Nome<br>
    <%= f.text_field :name %>
  </p>

  <p>
    Cognome<br>
    <%= f.text_field :surname %>
  </p>

  <p>
    Nr. di telefono<br>
    <%= f.text_field :telephone %>
  </p>

  <p><i>
    Data di registrazione: </i>
    <%= f.text_field :registration, :value => @current_date_time,
:disabled => true %>
  </p>

  <p>
    <%= f.submit 'Crea nuovo utente' %>
  </p>
<% end %>
```

Faccio notare che abbiamo stampato il campo calcolato *@current_date_time*. La data di registrazione dell'utente è infatti una stringa che viene definita nel controller. Ricordo che l'avevamo definita come

```
@current_date_time
```

Questo è il modo standard per passare parametri da un controller a una vista: si dichiara la variabile come variabile di classe, e la si richiama all'interno del templater HTML con *embedded Ruby*. Di fatto, dovete pensare al template come ad una "estensione" della classe Controller associata alla View. Tutte le variabili interne alla classe controller sono viste dal template.

Nella tag

```
f.text_field
```

notate poi che abbiamo aggiunto una serie di attributi, ad esempio per gestire il fatto che questa textfield deve essere read-only, ossia nel nostro caso disabilitata. Come regola generale: qualsiasi attributo previsto da una tag HTML può essere passato dal relativo controllo .erb, basta che questo venga chiamato col suo nome: nell'esempio sotto abbiamo gli attributi value e disable che finiranno direttamente nel codice HTML:

```
<%= f.text_field :registration, :value => @current_date_time, :disabled => true
%>
```

diventa:

```
<input type="text" value="10 Nov 2014 12:30:00" disabled="true">
```

Aggiungiamo anche una pagina per la visualizzazione di tutti gli utenti aggiunti nel database, nel file *index.html.erb* sotto *views/users*.

```
<h1>Utenti della biblioteca</h1>

<table border="1">
  <tr>
    <th>Nome</th>
    <th>Cognome</th>
    <th>Nr. di telefono</th>
  </tr>

  <% @users.each do |user| %>
    <tr>
      <td><%= user.name %></td>
      <td><%= user.surname %></td>
      <td><%= user.phonenr %></td>
    </tr>
  <% end %>
</table>

<p>
<a href="/">Home</a><br>
<a href="/users/new">Aggiungi un nuovo utente.</a>
</p>
```

Se avete notato, infatti, nel controller di User, dopo l'inserimento di un nuovo utente si viene rediretti sulla pagina che li mostra tutti:

```
redirect_to action: 'index'
```

Differentemente dai libri, non c'è la necessità di visualizzare una pagina di dettaglio degli utenti, perché tutti gli attributi dell'utente sono ben visibili nella pagina che li mostra tutti.

Notate che il nome dei campi in interfaccia, ad esempio

```
<td><%= user.phonenr %></td>
```

deve corrispondere al nome dei campi sul database, che sono stati definiti quando è stato creato il modello con

```
rails generate model User name:string surname:string phonenr:string
```

e che è definito nel realtivo file di migration, sotto la cartella

```
db/migrate
```

9. Routing

Abbiamo ora un modello utenti e un modello libri. Vediamo come implementare una semplice logica di business che assegna un determinato libro in prestito ad un determinato utente.

Potremmo decidere che, a livello di database, l'entità Libro sia legata all'entità Utente, attraverso una *foreign key* da aggiungere all'entità Libro. Se il valore della *foreign key* è nullo, il libro non è in prestito, altrimenti il libro è in prestito all'utente il cui identificativo chiave primaria è uguale alla *foreign key*.

Questo approccio, benché del tutto legittimo, personalmente non mi piace per alcuni motivi. Il più importante è che il modello dati che esce da questa impostazione risulta "ingessato": cosa accade se ad un certo punto della vita dell'applicazione il modello utente viene cancellato, o viene sostituito da un modello differente con logiche differenti? Come faremo ad applicare la modifica allo schema dati senza perdere i dati esistenti? Uno dei concetti chiave di Rails è quello di cercare sempre di evitare accoppiamenti stretti, di ogni tipo e fra ogni oggetto.

Andremo invece ad esplicitare questa relazione tra libro ed utente nella parte di *controller* dell'applicazione. Dovremo poi serializzare la lista dei libri in prestito, attraverso un nuovo modello dati, costruito *ad hoc*.

Giunti a questo punto, vogliamo modificare la struttura del progetto – modelli e viste - affinché sia possibile poter dare "in prestito" un libro ad un determinato utente.

Dovremo in primo luogo creare una pagina dove sia possibile selezionare un libro e associarlo ad un utente.

Possiamo ovviamente implementare la funzione di prestito libri in molti modi e secondo differenti interfacce utente. Proviamo semplicemente per ora a modificare la pagina che mostra i libri

```
views/books/index.html.erb
```

aggiungendo un pulsante "Prestito":

```
<h1>Catalogo libri</h1>

<table border="1">
  <tr>
    <th>Autore</th>
    <th>Titolo</th>
    <th> </th>
  </tr>
```

```
<% @books.each do |book| %>
  <tr>
    <td><%= book.author %></td>
    <td><a href="/books/<%= book.id %>"><%= book.title
%></a></td>
      <td><button onclick="javascript:location.href='books/<%=
book.id %>/edit'">Prestito</button></td>
    </tr>
  <% end %>
</table>

<p><a href="/books/new">Aggiungi un libro al catalogo</a></p>
```

Come si vede, al pulsante "Prestito" ho associato un comando:

```
books/[id_libro]/edit
```

perché di fatto è quello che andremo a fare: dare in prestito un libro significa tecnicamente modificare un attributo di un record della tabella Books. Notate che non devo andare a modificare il file *config/routes.rb*, perché

```
Rails.application.routes.draw do

  get 'index' => 'main#index'
  get 'home' => 'main#index'

  root 'main#index'

  resources :books
  resources :users

end
```

nelle aggiunte alle routes che fa la riga

```
resources :books
```

è già compresa una route per modificare un libro. Se andiamo infatti a vedere le routes con

```
rake routes
```

scopriamo che le routes di default per i libri sono:

```
    books GET    /books(.:format)          books#index
          POST   /books(.:format)          books#create
new_book GET    /books/new(.:format)      books#new
edit_book GET    /books/:id/edit(.:format) books#edit
     book GET    /books/:id(.:format)      books#show
          PATCH  /books/:id(.:format)      books#update
          PUT    /books/:id(.:format)      books#update
          DELETE /books/:id(.:format)      books#destroy
```

le quali già comprendono due comandi, uno per modificare un libro, e uno per aggiornare il suo record sul database!

Seguendo un approccio che si dice RESTful, cioè in linea con il principio REST, è sempre bene non inventarsi nuove route, ma utilizzare quelle a disposizione seguendo un approccio logico del tutto simile a quello proposto da Rails quando creiamo una 'resource' nel file routes.rb.

Dobbiamo a questo punto modificare il controller dei libri per gestire il comando di edit - che nel nostro caso è il prestito - e update - cioè quando la form con l'update viene inviata nuovamente al server seguendo il comando action indicato nella form, aggiungendo prima della fine del file *books_controller.rb*:

```
def update
```

```
  patch_attributes = params.require(:book).permit(:user_id)
  @book = Book.find(params[:id])
  @book.update(patch_attributes)
  redirect_to @book
end

def edit
  @book = Book.find(params[:id])
end
```

La prima linea del metodo *update*, serve per permettere l'update del campo *user_id*, che viene negato per impedire update massivi, con motivazioni analoghe a quelle già viste in precedenza.

Il secondo metodo serve per definire la variabile che viene passata alla pagina HTML che servirà per impostare il prestito, mentre il metodo 'update' serve per aggiornare il database.

10. Migrazioni

Prima di poter procedere, dobbiamo modificare il modello dell'entità libro, aggiungendo un campo che indica se qualche utente ha in prestito il libro. Basterà aggiungere l'id di un utente: se nullo, il libro è disponibile per il prestito, se popolato, indicherà l'utente che ha attualmente il libro in prestito.

Per farlo utilizziamo una migrazione (*migration*). Come prima cosa, dalla command line interface (CLI), inseriamo il seguente comando:

```
rails generate migration AddUserIdToBook
```

che genererà il file corretto per la migration, con tanto di timestamp nel nome del file:

```
invoke  active_record
create    db/migrate/
20141219113130_add_user_id_to_book.rb
```

Dentro questo file mettiamo un comando per aggiungere una colonna di tipo *integer* alla tabella *books*:

```
class AddUserIdToBook < ActiveRecord::Migration

  def change

    add_column :books, :user_id, :integer

  end

end
```

Il comando della migration dice di aggiungere una colonna alla tabella 'books', che si chiama 'user_id' e ha tipo 'integer'.

Per eseguire tutte le migrations – noi per ora ne abbiamo fatta solo una – basta dare il comando:

```
rake db:migrate
```

Infine, modifichiamo la classe che contiene gli oggetti "Book" per aggiungere un metodo che ci verrà comodo in futuro, quando non ci ricorderemo più come avevamo fatto a implementare il concetto di "preso in prestito": modifichiamo il file

```
/app/models/book.rb
```

come segue:

```
class Book < ActiveRecord::Base

  def available_for_rent?
    self.user_id.nil?
  end

end
```

11. Assegnazione dei libri in prestito

Abbiamo modificato il modello dati in modo che ad ogni libro possa essere associato un utente che lo ha preso in prestito. Ora dobbiamo implementare la parte di interfaccia utente che permette all'operatore di assegnare il libro in prestito ad un utente. Come avete visto sin qui, la parte di modellazioni dati in Rails è ben distinta dalla parte di logica di business e dalla parte di interfaccia grafica, secondo il modello MVC – *Model, View, Controller.*

In precedenza, abbiamo modificato la pagina che presenta tutti i libri in modo che a ciascuno di questi sia associato un comando "Prestito". Ora dobbiamo implementare la pagina che realizza il prestito. Si può immaginare una pagina in cui, al dettaglio del libro, si aggiunge una lista drop-down con il nome degli utenti registrati, da cui sarà possibile scegliere l'utente a cui prestare il libro.

La classe Rails *ActionView* mette a disposizione una serie di metodi per creare il codice HTML di particolari controlli, come ad esempio checkbox, combobox, radiobutton, hidden field, textarea e via dicendo. A noi serve una combobox, quindi una tag HTML select. Ricordo che la tag ha questa forma:

```
<select name="categoria">
    <option value="1">Arte</option>
    <option value="2">Letteratura</option>
</select>
```

Il modulo *FormOptionsHelper* ci mette a disposizione proprio il metodo che cerchiamo, nella forma:

```
select(object, method, choices, options = {}, html_options = {})
```

dove *object* è l'oggetto per cui facciamo la selezione, *method* è il metodo dell'oggetto che riceverà la selezione, *choices* è un array che conterrà le *option* selezionabili. Se *f* è la nostra form, che abbiamo creato per l'oggetto "Book", ad esempio con

```
<%= f.select(:user_id, User.all.map { |user| [user.surname, user.id] }) %>
```

otterremo una drop-down il cui valore selezionato finirà nel campo "user_id" di "Book". Per le opzioni disponibili utilizziamo il metodo "all" di User per farci restituire tutti gli utenti presenti nel database, sotto forma di un array [surname, id]. In questo modo verrà visualizzata una lista drop-down con il nome, mentre il value della tag *option* sarà l'*id* dello User selezionato.

La pagina HTML per il prestito di libri, *views/books/edit.html.erb* diventa:

```
<h1>Prestito libri</h1>

<%= form_for :book, url: book_path, method: :patch do |f| %>

  <p>
    <b>Autore: </b>
    <%= @book.author %>
  </p>

  <p>
    <b>Titolo: </b>
    <%= @book.title %>
  </p>

  <p>Dare in prestito a:
      <%= f.select(:user_id, User.all.map { |user| [user.surname,
user.id] }) %>
  </p>

  <p>
    <%= f.submit 'Assegna libro in prestito' %>
  </p>

<% end %>

<p><br>
  <a href="/books">Torna al catalogo libri</a>
</p>
```

Due cose sono da notare. La prima è che la URL della action della form è

```
url: book_path
```

e il metodo HTTP è 'patch'. Questo significa che quando l'utente preme "Submit", viene indirizzato su:

```
/books/[id del libro]
```

col metodo "Patch", che guardacaso è proprio il comando previsto da Rails – secondo la logica REST – per effettuare l'update di un record:

```
PATCH   /books/:id(.:format)        books#update
```

Quindi questa route richiamerà il metodo "update" del controller "books_controller.rb", che avevamo impostato in precedenza.

Infine, modifichiamo la pagina che mostra il dettaglio di un libro, specificando se questo è in prestito e a chi. Nel farlo, ricordiamoci che un file *.erb può contenere qualsiasi istruzione valida in Ruby, purché contenuta nella tag speciale

```
<% … %>
```

Una possibile implementazione è la seguente:

```
<p><i>
  <% if @book.available_for_rent? %>
    Libro disponibile per il prestito.
  <% else %>
    Libro in prestito a
    <%= @whohasit %>:  
    <%= form_for :book, url: book_path, method: :patch do |f| %>
        <%= f.hidden_field :user_id, value: nil %>
        <%= f.submit @whohasit+' lo ha restituito' %>
    <% end %>
  <% end %>
</i></p>
```

da aggiungere al file *views/books/show.html.erb*

Usiamo il metodo definito nel modello Book per sapere se il libro è in prestito. Se lo è, scriviamo chi lo ha in prestito usando la variabile definita nel controller *whohasit*, altrimenti scriviamo una form con un campo nascosto che contiene il valore NULL per il campo user_id della tabella book, e poi richiamiamo il metodo "patch" del controller per aggiornare il record, utilizzando né più né meno la stessa funzione "update" che avevamo già definito nel controller e che utilizzavamo per aggiornare il nome dell'utente che aveva preso in prestito il libro. Un buon modo di essere coerenti con il principio DRY: *Don't Repeat Yourself*!

Bene. A questo punto abbiamo terminato la parte relativa alla gestione *categoria-libro*, e abbiamo un'applicazione pronta per essere testata.

12.   Test dell'applicazione

L'applicazione, benché largamente inutilizzabile, è già visibile su un browser. Ci posizioniamo nella directory che contiene i file creati da Rails, nel nostro caso in "biblioteca", e facciamo partire l'Application Server:

```
rails server
```

Il comando va dato all'interno della directory che contiene la nostra applicazione, che dovrebbe generare a video una risposta del tipo:

```
=> Booting WEBrick
=> Rails 4.1.7 application starting in development on http://0.0.0.0:3000
=> Run `rails server -h` for more startup options
=> Notice: server is listening on all interfaces (0.0.0.0). Consider using
127.0.0.1 (--binding option)
=> Ctrl-C to shutdown server
```

Apriamo il nostro browser preferito e digitiamo nella URL la nostra macchina alla porta 3000

```
http://localhost:3000
```

per poter vedere e testare l'applicazione.

Chiaramente la cosa migliore da fare sarebbe approntare una serie di test automatici per evitarci di dover "fare il giro" tutte le volte che modifichiamo qualcosa.

Rails possiede un framework di test piuttosto elegante e collaudato. Ne vedremo qui solamente qualche dettaglio.

Ogni applicazione Rails possiede una directory "test" che contiene una copia speculare di tutti i principali file sorgente, e che ha lo scopo di effettuare il test di quella specifica parte dell'applicazione.

Ad esempio nel nostro caso abbiamo un file

```
/test/controllers/books_controller_test.rb
```

che dovrà contenere la specifica logica di test per quel controller. Ogni test di fatto contiene una serie di "asserzioni": cioè si tratta di verificare che un certo insieme di precondizioni deve generare un certo risultato.

Molto semplicemente, un test vitale per la nostra applicazione è il seguente: se un libro è stato dato in prestito non deve essere possibile assegnarlo in prestito.

Per prima cosa, riempiamo il database con alcuni dati di test. Durante la generazione degli elementi dell'applicazione con

```
rails generate ...
```

sono state create per noi anche delle *fixtures*. Questi sono dei file che sono fatti per inizializzare il database con dati di esempio. Infatti nel file

```
/test/fixtures/users.yml
```

troviamo alcuni due record che, opportunamente modificati, possono essere usati per inserire due utenti nel DB. Il formato dei file è YAML, un formato facile da usare e di estrema semplicità, per poter essere letto e usato sia dall'uomo che dalla macchina. Modifichiamo i campi in questo modo:

```
one:
  name: Alessio
  surname: Saltarin
  phonenr: 345-5678983

two:
  name: Elena
  surname: Miranda
  phonenr: 345-6789012
```

Ora inizializziamo la tabella Book: nel file

`/test/fixtures/books.yml`

inseriamo:

```
one:
  author: Edgar Allan Poe
  title: Il pozzo e il pendolo
  isbn: 390838973279
  publisher: Mondadiri
  user_id: NULL
  year: 1980

two:
  author: Herman Melville
  title: La Balena Bianca
  isbn: 390838973279
  publisher: Rizzola
  user_id: 1
  year: 1992
```

In questo modo il primo libro risulta libero, mentre il secondo è in prestito all'utente numero uno, come indica il campo *user_id*.

Cominciamo con un primo test puramente esemplificativo: che il numero degli utenti sul DB sia effettivamente quello indicato nelle fixtures, cioè due: nel file

`/test/models/user_test.rb`

mettiamo:

```
require 'test_helper'

class UserTest < ActiveSupport::TestCase

  test 'number_of_users' do
```

```
    nr_of_users = User.count
    assert nr_of_users == 2

  end

end
```

Per eseguire il test invochiamo rake da linea di comando:

```
rake test test/models/user_test.rb
```

Questo comando popola un DB di test che è stato indicato nel file:

```
/app/database.yml
```

con i dati presenti nelle fixtures, e poi esegue il codice di test. Come potete vedere, non ci sono sorprese e il test è superato.
Similmente possiamo testare la funzionalità del controller di Book con questo codice

```
require 'test_helper'

class BooksControllerTest < ActionController::TestCase

  test 'book_author' do

    balena = Book.find_by_isbn('390838973279')
    assert balena.author == 'Herman Melville'

  end

  test 'available_for_rent' do

    balena = Book.find_by_isbn('390838973279')
    assert_not balena.available_for_rent?

  end
```

da mettere nel file

```
/test/controllers/book_controller_test.rb
```

Il primo test verifica le chiamate sui campi, il secondo verifica il metodo 'available_for_rent'. Anche qui eseguiamo il codice con:

```
rake test test/controllers/book_controller_test.rb
```

Per eseguire tutti i test basta dare il comando:

```
rake test
```

Esercizi

1. L'applicazione che abbiamo scritto è largamente incompleta. Aggiungere in alto un menù di navigazione che porti alle sezioni di visualizzazione dei libri, degli utenti e del prestito. Il menù deve apparire in tutte le pagine, ma verrà inserito nel progetto in un unico file, quale?

2. Completare l'applicazione, andando ad aggiungere dei comandi per la gestione delle categorie - oltre ai tasti di cancellazione e aggiunta, un tasto per la modifica. Spostare gli stili dal file di layout alla directory stylesheets.

3. Aggiungere una pagina per effettuare la modifica di un libro in catalogo. Nella pagina di modifica del libro, aggiungere una combobox per selezionare la categoria. Aggiungere inoltre una label che mostri il campo data di inserimento, popolata e non editabile.

4. [SFIDA] L'applicazione potrebbe essere pensata per gestire un insieme di biblioteche sparse sul territorio. Aggiungere un modello dati "sede" e un relativo "controller". I libri ora hanno un attributo in più che descrive la sede presso cui sono disponibili. Le "view" devono tenere conto del fatto che ora esistono le sedi, e visualizzare i libri a seconda della sede prescelta - magari selezionatile attraverso un'opportuna drop-down list.

COMPLETAMENTO DELL'APPLICAZIONE

1. Modifiche al modello dati

Vogliamo introdurre il concetto di categoria di libro, secondo questo schema:

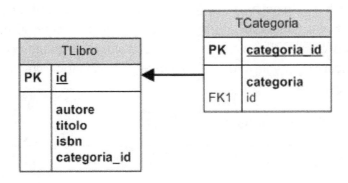

cioè vorremmo definire una tabella che comprende tutte le categorie di libro, introducendo una relazione uno-a-molti tra categoria e libro. Questo si traduce in SQL nel creare un'opportuna *foreign key* sulla tabella Libro.

In questo modo potremmo associare una categoria ad ogni libro: ad esempio: romanzo, poesia, giallo, saggio, varie.

Come prima cosa generiamo il "model" che si chiama Category, dando l'opportuno comando rails:

```
rails g model Category category:string
```

Per creare fisicamente la tabella sul database dobbiamo eseguire la migration:

```
rake db:migrate
```

Ora dobbiamo definire la relazione tra libro e categoria. Trattandosi di modifiche al modello dei dati, andremo ad operare nella directory *models.*. Un libro può appartenere ad una specifica categoria. Specifichiamolo nei file Ruby *book.rb* e *category.rb* - ricordate quanto detto a suo tempo sui plurali? Le risorse in Rails sono al plurale quando si tratta di indicare le tabelle e al singolare quando si tratta di indicare la singola entità. Ecco perché non troviamo categories.rb, ma category.rb.

Book.rb definisce la classe per l'entità "Libro":

```
class Book < ActiveRecord::Base

  def available_for_rent?
    self.user_id.nil?
  end
```

```
end
```

Dobbiamo specificare che "un libro" possiede come attributo "una categoria". Ecco come facciamo:

```ruby
class Book < ActiveRecord::Base

  belongs_to :category

  def available_for_rent?
    self.user_id.nil?
  end

end
```

Vi ricorda qualcosa questa sintassi? Sì, ricorda quella degli *accessors*! In effetti con questo shortcut generiamo tutto il codice Ruby per gestire una relazione uno-a-molti.

Non abbiamo finito. Dobbiamo dire che "una categoria" "ha molti" "libri", e perciò modifichiamo il file *models/category.rb*

```ruby
class Category < ActiveRecord::Base
    has_many :books
end
```

Notate, ancora una volta, l'uso del plurale. Abbiamo scritto che "has_many" *books*, al plurale! Questo fa una grande differenza in Rails.

In questo modo, modificando i modelli dei dati in Ruby e senza aver toccato il database, abbiamo definito una relazione uno a molti tra l'oggetto Categoria e l'oggetto Libro.

Adesso dobbiamo definire le interfacce utente per gestire il dato "Categoria". Lo facciamo creando *controller* e *view* di Categoria:

```
rails g controller categories
```

D'accordo, questa è l'ultima volta che ve lo dico, ma: notate il plurale! Questo comando genera il controller di Category e crea un folder sotto views che conterrà gli HTML per la gestione delle categorie.

Adesso abbiamo bisogno sostanzialmente di una pagina che mi permetta allo stesso tempo di visualizzare le categorie e di inserirne di nuove. Da un punto di vista di comandi HTTP ho bisogno di rispondere ai comandi:

```
categories GET    /categories(.:format)      categories#index
           POST   /categories(.:format)      categories #create
```

Perciò basterà implementare i metodi *index* e *create* del controller, cosa che faremo come segue:

```ruby
class CategoriesController < ApplicationController

  def create
    @category = Category.new(params[:category])
    if not @category.category.nil?
      @category.save
    end
    redirect_to action: 'index'
  end

  def index
    @categories = Category.all
  end

end
```

Come si vede, il metodo index ritorna la lista delle categorie, e il metodo create crea una nuova categoria.

Aggiungiamo anche un metodo per cancellare una categoria: questo utilizzerà il metodo REST destroy. Per convenzione infatti, il metodo HTTP delete richiama il metodo del controller chiamato destroy.

```
def destroy
  @category = Category.find(params[:id])
  @category.destroy
  redirect_to action: 'index'
end
```

Notate inoltre che i metodi che aggiungono e tolgono categorie dal DB, redirigono sul metodo index. Questo è perché abbiamo deciso di gestire tutto da un'unica pagina – la index.html – senza avere una pagina per aggiungere e una per togliere un record.

Di seguito, ecco un esempio su come possiamo implementare questa pagina che serve per tre scopi: elencare tutte le categorie, aggiungere una categoria (pulsante +) e togliere una categoria (pulsante -):

```
<h1>Categorie di libri</h1>

<table border="1">

  <thead>
    <tr>
      <th>ID</th>
      <th>Categoria</th>
    </tr>
  </thead>
  <tbody>

  <% @categories.each do |category| %>
      <tr>
```

```
      <td><%= category.id %></td>
      <td><%= category.category %></td>
      <td><%= button_to '-', category, method: :delete %></td>
    </tr>
  <% end %>


  <tr>
    <%= form_for :category, url: {action: 'create'} do |f| %>
    <td>
       
    </td>
    <td>
      <%= f.text_field :category %>
    </td>
    <td>
      <%= f.submit('+') %>
    </td>
    <% end %>
  </tr>
  </tbody>

</table>

<p>
  <a href="/">Home</a>
</p>
```

che salveremo in

```
/views/categories/index.html.erb
```

Ora, per vedere tutto all'opera dobbiamo ricordarci di aggiungere le il comando per la gestione delle route verso le categorie:

```
resources :books
resources :users
resources :categories
```

nel file

```
/config/routes.rb
```

e aggiungere un link che punta a

```
/categories
```

nel nostro file html principale, in modo da dare all'utente la possibilità di gestire le categorie.

Alla fine ci troveremo con una pagina come questa:

Categorie di libri

ID	Categoria	
1	Giallo	-
2	Narrativa	-
6	Poesia	-
		+

Home

2. Completamento del sito

A livello di logica, ora la nostra applicazione comincia ad essere minimamente funzionale. Naturalmente la prima cosa che sarebbe da fare è dare un layout grafico più interessante alle nostre pagine, cosa che esula dagli scopi di questo libro. Esistono molti framework grafici che si possono applicare facilmente ad un'applicazione Ruby, che non solo migliorano la grafica del sito, ma aggiungono interessanti funzionalità come la capacità di adattarsi a dispositivi mobile, e quella di avere lo stesso comportamento su una molteplicità di browser e ambienti operativi. Tra tutti, io consiglio:

- Bootstrap
  http://getbootstrap.com
- Zurb Foundation
  http://foundation.zurb.com/

3. Inviare e-Mail via SMTP

Mandare un'e-Mail è normalmente un'operazione molto semplice, che comporta una sola riga di JavaScript:

```
window.open('mailto:mario.rossi@example.com?subject=TITOLO&body=CIAO');
```

Questa operazione però serve per aprire il client di posta del PC dell'utente e inviare una mail con quello. Non è ciò che si vuole fare nella stragrande maggioranza dei casi, perché si vorrebbe che fosse l'applicazione stessa ad inviare la mail, attraverso un Mail Server che di solito è installato sulla stessa macchina del Web Server o comunque visibile da esso.

Ad esempio, l'applicazione potrebbe mandare mail al suo autore per comunicargli che sono avvenuti degli errori, oppure si potrebbe voler mettere a disposizione dell'utente una pagina "sicura" da cui mandare comunicazioni agli autori dell'applicazione.

Come prima cosa, occorre configurare Rails in modo da impostare il tipo di protocollo che useremo per comunicare con il *mail server*.

Esistono configurazioni appropriate per ciascun ambiente (sviluppo, test, produzione) e si trovano nella cartella

```
config/environments
```

Scegliamo l'ambiente che vogliamo impostare e aggiungiamo, sotto la riga,

```
config.action_mailer.raise_delivery_errors = false
```

questi comandi:

```
config.action_mailer.delivery_method = :smtp
config.action_mailer.smtp_settings = {
    address:              'smtp.gmail.com',
    port:                 587,
    domain:               'example.com',
    user_name:            'pippopluto',
    password:             'pippopluto_password',
    authentication:       'plain',
    enable_starttls_auto: true   }
```

In questo caso, abbiamo usato il servizio SMTP di GMail, cosa che normalmente può andar bene solo per un ambiente di sviluppo. Per la produzione invece avremo a disposizione un SMTP server che risponde ad un certo indirizzo IP - qui io uso per esempio 10.10.10.1, e perciò la configurazione diventa:

```
config.action_mailer.delivery_method = :smtp
config.action_mailer.smtp_settings = {
    :address => "10.10.10.1",
```

```
  :port => 25,
  :domain => " miodominio.com",
  :authentication => :login,
  :user_name => "username",
  :password => "password",
}
```

I servizi in cloud di cui abbiamo già parlato spesso mettono a disposizione server di invio mail. In questi casi di solito i parametri di configurazione del server vengono memorizzati in apposite variabili d'ambiente del server in cloud. In questo esempio, la configurazione fa uso di variabili d'ambiente attraverso la parola chiave 'ENV':

```
ActionMailer::Base.smtp_settings = {
  :port            => ENV['MAILGUN_SMTP_PORT'],
  :address         => ENV['MAILGUN_SMTP_SERVER'],
  :user_name       => ENV['MAILGUN_SMTP_LOGIN'],
  :password        => ENV['MAILGUN_SMTP_PASSWORD'],
  :domain          => 'yourapp.domain.com',
  :authentication => :plain,
}
ActionMailer::Base.delivery_method = :smtp
```

Aggiungiamo ora alla nostra applicazione di esempio una pagina da cui inviare impressioni su un certo libro preso in prestito. Per questo abbiamo bisogno di un "mailer". Un mailer è un tipo di oggetto, come può essere il controller, specializzato nell'invio di comunicazioni. Usiamo per crearlo un apposito *generator*:

```
rails g mailer BookMailer contact
```

Rails crea per noi un file nel folder mailers che si chiamerà
book_mailer.rb con un metodo di default che si chiama contact. Se lo
andiamo ad aprire vediamo che è fatto così:

```
class BookMailer < ApplicationMailer

  def contact
    @greeting = "Hi"

    mail to: "to@example.org"
  end

end
```

cioè definisce tutta una serie di proprietà della classe, che sono
quelle tipiche di un messaggio e-mail. Possiamo personalizzare il metodo in modo che il corpo della mail venga creato con alcuni parametri passati in input:

```
class BookMailer < ApplicationMailer

  def contact(comment, username, book_id)

    @subject = 'Biblioteca online: un parere su un libro'
    @to = 'support@biblioteca.org'
    @from = 'no-reply@yourdomain.com'

    @body = "<p>L'utente " + username + 'ha inviato questo parere
sul libro #'
    @body += book_id + '</p>:'
    @body += comment

    mail (to: @to,
          body: @body,
          content_type: 'text/html',
          subject: @subject)

  end
```

```
end
```

Oppure, possiamo utilizzare un template di e-Mail, che è stato creato dal generatore rails nella cartella:

```
/views/book_mailer
```

in due formati: HTML e testo. Ad esempio, usando la versione solo testo in

```
contact.text.erb
```

possiamo scrivere

```
Buongiorno! Volevo farvi avere le mie opinioni sul libro <%= @title -%>, Se
volete potete rispondermi a <%= @email -%>. La mia opinione è questa: <%=
@message -%> Grazie!
```

I campi dei tag del template, ad esempio:

```
<%= @message -%>
<%= @email -%>
```

devono corrispondere a quelli definiti nella classe *BookMailer*.

Notate la particolare sintassi:

```
<%= -%>
```

Che significa che la stringa verrà stampata con in fondo un a capo, simboleggiato dal segno meno (-)

La classe BookMailer, per usare il template appena definito, deve essere così modificata:

```
class BookMailer < ApplicationMailer

  layout 'contact'

  def contact(comment, user, book_id)

    @book = book_id
    @email = user.email
    @message = comment

    mail_subject = 'Biblioteca online: un parere su un libro'
    mail_from = 'no-reply@biblioteca.org'
    mail_to = 'support@biblioteca.org'

    mail(to: mail_to, from: mail_from, subject: mail_subject)

  end

end
```

Abbiamo specificato che vogliamo utilizzare il template definito nei file

```
contact.html.erb

contact.text.erb
```

Adesso modifichiamo la pagina che mostra i dettagli del libro per permettere all'utente di inviare un commento via mail all'amministrazione. Aggiungiamo al file

```
show.html.erb
```

le seguenti linee:

```
<hr>

<% if @comment_sent %>

    <div id='messaggio_inviato' style="color: whitesmoke;
background-color: darkred">
        <b>Il commento &egrave; stato inviato alla Redazione,
grazie!</b>
    </div>

<% else %>

    <div id='contattateci'>

        <%= form_for :book, url: {action: 'send_comment'}, html:
{id: 'comment_form' } do %>
            e-Mail: <%= text_field_tag 'email' %><br />
            Messaggio: <br /> <%= text_area_tag 'message', nil,
rows: 10 %><br />
            <%= submit_tag 'Invia un commento' %>
        <% end %>

    </div>

<% end %>

<hr>
```

```
<p><a href="/books">Torna al catalogo libri</a></p>
```

L'idea dietro questo codice è che mostreremo una form per inviare un commento mail. Questa form esegue il metodo 'send_comment' del controller di Books. Questo metodo invierà la mail usando l'oggetto BookMailer, e poi effettuerà nuovamente il rendering della pagina, ma in questo caso con la variabile

```
@comment_sent
```

valorizzata a *true*. In questo caso, la form non verrà più visualizzata, e al suo posto avremo un messaggio di feedback: "Grazie, il messaggio è stato inviato".

Il controller

```
books_controller.rb
```

va modificato aggiungendo un metodo che risponde al form post ed effettua l'invio della mail chiamando l'oggetto BookMailer:

```ruby
def send_comment
  @book = Book.find(params[:id])
  email = params[:email]
  comment = params[:message]
  BookMailer.contact(comment, email, params[:id])
  redirect_to @book, flash: {comment: true}
end
```

Notate l'uso dell'oggetto *flash*. *Flash* di fatto è una variabile di sessione che viene azzerata ad ogni nuova richiesta HTTP. E' molto comoda per passare velocemente e in modo invisibile all'utente dei messaggi tra la pagina renderizzata ed il server. Si usa spesso per messaggi di notifica oppure per la visualizzazione degli errori.

Aggiungiamo infine la variabile

```ruby
@comment_sent
```

al metodo che visualizza i dettagli del libro:

```ruby
def show
  @book = Book.find(params[:id])
  @comment_sent = flash[:comment]
  if not @book.available_for_rent?
    @whohasit = User.find(@book.user_id).surname
  end
end
```

Non dobbiamo dimenticarci di modificare il file

```
routes.rb
```

per permettere di associare alle risorse 'books' il metodo per l'invio del commento (send_comment)

```
resources :books do
  member do
    post 'send_comment'
  end
end
```

in questo modo, la nostra form, con action 'send_comment' e metodo 'post', utilizzerà il controller 'send_comment' di Book.

Facciamo ora un test e vediamo se tutto funziona.

4. Validazione dei dati

In qualsiasi sistema software complesso c'è una parte di inserimento dati. Quest'attività è normalmente soggetta a errori: anche gli utenti più esperti sbagliano a digitare o non capiscono immediatamente cosa si chiede loro in un certo campo della form.

Esempi di validazione dei dati sono:

- Unicità (il valore deve essere unico, ad esempio una login)

- Campo numerico, alfanumerico o alfabetico

- Campo obbligatorio

- Formato

e via dicendo...

Nelle applicazioni Web normali, la parte di validazione è normalmente associata ad apposite routine lato client, solitamente in *Java-Script*. È vero però che la validazione logicamente appartiene allo strato *Model*, cioè al modello dei dati, che è situato lato server – nel cosiddetto *backend*.

Come organizzare la validazione dei dati e come ripartirla tra client e server è un tema ampiamente dibattuto. Nella pratica, si tende a mettere sempre una prima validazione lato client in Java-Script per intercettare gli errori più banali – una stringa alfanumerica dove ci va un numero, un'email senza l'@, e via dicendo..., lasciando un controllo più stretto e definitivo sul backend. In questo libro non approfondiamo la parte di validazione lato client in Java-Script oppure usando solamente HTML5, ma si rimanda a letture specifiche. Si tenga in mente, poi, che esistono numerose e collaudate librerie JavaScript apposta per la validazione.

Parlando invece di validazione lato server, parliamo di dati che arrivano dalla form già dopo una prima validazione di massima. Vale la pena notare che, qualunque sia la validazione effettuata lato client, questa non potrà mai sostituire una validazione lato server, che deve comunque essere effettuata per evitare di esporsi a spiacevoli eccezioni sollevate dalla parte database. E inoltre non è detto che il frontend della nostra applicazione sia in ogni caso e per sempre un frontend Web grafico: potrebbe essere un Web Service, con parametri in ingresso sulla linea di comando oppure usando XML.

È possibile invece immaginare una validazione esclusivamente lato server, demandandola a Rails. In questo caso, attraverso l'uso di semplici parole chiave, Rails gestisce in automatico tutta la parte relativa al mostrare l'errore all'utente nella pagina Web, riportarlo nella form che ha generato l'errore, e non accettare il suo input finché questo non rispetta le regole.

Le validazioni vanno dunque inserite nei file che si trovano sotto *models/*. Ad esempio, nel nostro caso potremmo riprendere la definizione del modello dati di Categoria, che era se ricordate:

```
class Category < ActiveRecord::Base
       has_many :books
end
```

e aggiungergli due vincoli (constraints):

- Che il campo categoria sia sempre presente

- Che il campo categoria sia unico

per farlo ci basta modificare il file *models/category.rb* come segue:

```
class Category < ActiveRecord::Base
       has_many :books
    validates_presence_of :category
    validates_uniqueness_of :category
end
```

Attenzione ai due punti: precedono il nome *category*, non seguono *validates*, perché *category* è un *Symbol*.

Il fatto che abbiamo inserito dei vincoli relativi all'inserimento di un dato, ci espone al dover gestire gli errori che discendono dal non

rispetto del vincolo (ad esempio: come dire all'utente che non ha immesso una categoria, che questa invece è obbligatoria). Tutta questa
parte di gestione degli errori viene magicamente implementata da
una singola riga di codice, che metteremo nei file *View* della relativa
entità, ad esempio per quanto riguarda l'entità Category, che è map-
pata sulla tabella Categories, gli errori a video saranno gestiti nel file
che gestiscono l'immissione e la modifica di categorie, cioè
new.html.erb e *edit.html.erb*. La riga in questione, che lo scaffolding
ha già messo per noi, è la

```
<%= f.error_messages %>
```

All'interno della form definita con

```
<%= form_for :category %>
```

I più importanti validatori presenti in Rails sono:

validates_presence_of	Obbligatorietà
validates_uniqueness_of	Unicità
validates_numericality_of	Campo numerico
validates_format_of	Validatore di formato (attraverso espressioni regolari)
validates_confirmation_of	Il dato deve essere ri-digitato prima di essere ammesso

Proviamo ora a modificare l'applicazione per mettere in campo
una semplice validazione dati sull'immissione di un nuovo utente.

Come prima cosa modifichiamo l'entità utente aggiungendo due
nuovi campi: l'email dell'utente e se ha dà il consenso all'utilizzo dei

dati a scopi pubblicitari. Allo scopo, come ricorderete, dovremo creare una migrazione, che chiameremo:

```
rails g migration AddEmailAndPrivacyToUser
```

e andremo a implementare nel file

```
db/migrate/[timestamp]_add_email_and_privacy_to_user.rb
```

come segue:

```ruby
class AddEmailAndPrivacyToUser < ActiveRecord::Migration

  def change

      add_column :users, :email, :string
      add_column :users, :privacy, :boolean, default: false

  end

end
```

e poi applichiamo la migrazione al database con:

```
rake db:migrate
```

Abbiamo così aggiunto due colonne alla tabella "users": una che conterrà l'email e una che conterrà il flag per il consenso all'uso dei dati.

Adesso vogliamo validare i dati quando l'utente li immette attraverso la form di inserimento utente. In particolare vogliamo validare:

- Che il campo nome e cognome siano popolati, perché obbligatori
- Che il campo email contenga un'e-mail correttamente formattata
- Che il campo privacy sia flaggato – e cioè che l'utente abbia dato esplicito consenso all'uso dei suoi dati.

Per prima cosa modifichiamo il controller di user per gestire la validazione lato server, modificando il metodo 'create' come segue:

```
def create
  @user = User.new(params[:user])
  if @user.valid?
    @user.save
    redirect_to action: 'index'
  end
  render 'new'  # Error Handling
end

end
```

La chiamata al metodo 'valid?' restituisce true quando i parametri passati dall'utente sono validi, cioè rispettano le regole di validazione che abbiamo specificato nel modello.

Se esistono una o più violazioni alle regole di validazione, il metodo restituisce false. In questo caso andremo ad usare il template definito per *new*, mostrando la pagina della form con le informazioni contenenti gli errori di validazione.

Notate una cosa importante: se la validazione fallisce non faccio un 'redirect' alla action 'new', ma semplicemente un 'render' dell'action new. Questo perché un redirect implica una costruzione da zero dell'oggetto UsersController, e con esso un azzeramento della variabile membro @user che contiene le informazioni di errore! Invece con render dico di non creare la pagina nuovamente, ma di utilizzare il template dell'action 'new' con le informazioni raccolte fino ad ora.

Adesso occorre modificare il template

```
views/users/new.html.erb
```

per mostrare le informazioni di errore:

```erb
<h1>Inserimento nuovo utente</h1>

    <style>

      .errormsg {
        font-color:red;
        font-weight: bolder
      }

      .field_with_errors {
        padding: 2px;
        background-color: red;
        display: table;
      }

    </style>

    <% if @user %>

      <% if @user.errors.any? %>
        <div id="errormsg">
          <ul>
            <% @user.errors.full_messages.each do |msg| %>
              <li><%= msg %></li>
            <% end %>
          </ul>
        </div>
      <% end %>

    <% end %>
```

```
<%= form_for :user, url: users_path do |f| %>

    <p>
      <b>Nome</b><br>
      <%= f.text_field :name %>
    </p>

    <p>
      <b>Cognome</b><br>
      <%= f.text_field :surname %>
    </p>

    <p>
      e-Mail<br>
      <%= f.email_field :email %>
    </p>

    <p>
      Nr. di telefono<br>
      <%= f.text_field :phonenr %>
    </p>

    <p>
      Consenso al trattamento dati:
      <%= f.check_box :privacy %>
    </p>

    <p><i>
      Data di registrazione:
      <%= @current_date_time %></i>
    </p>

    <p>
      <%= f.submit 'Crea nuovo utente' %>
    </p>
<% end %>
```

Con questo template, nel caso di errore, i controlli che danno errore vengono attorniato di colore rosso – perché Rails automaticamente le renderizza con la classe CSS *field_with_errors* – e viene stampata una *bullet list* di errori a inizio pagina.

Esercizi

1. Aggiungere i criteri di validazione per la form di immissione di un nuovo libro e gestire gli errori di validazioni in interfaccia utente similmente a quanto fatto per la form nuovo utente.

2. Modificare il modello dati Books in modo che l'ISBN sia unico. Verificare nella pagina di immissione di un nuovo libro che l'errore viene gestito.

3. [SFIDA]. Modificare la pagina di registrazione in modo che l'utente non sia subito attivato, ma gli sia spedita una mail con un codice. L'utente deve tornare sul sito e inserire quel codice. Solo se lo fa, e se il codice corrisponde, registrare l'utente.

AUTENTICAZIONE E SESSIONI

1. Modello dati

La maggior parte dei siti che servono applicazioni permette di avere impostazioni e dati personalizzati, in modo che ciascun utente abbia il proprio spazio personale. Questo si ottiene con la gestione delle login, altrimenti detta 'autenticazione'.

Da un punto di vista architetturale, la login non è altro che una tabella di database che contiene le informazioni di login (cioè l'alias che uno si sceglie per navigare il sito, che deve essere un identificatore univoco dell'utente, ragion per cui spesso si utilizza un indirizzo e-mail) e password, unite alla gestione di variabili di sessione che "ricordano" la login durante la navigazione per utilizzarla nei modi più svariati – normalmente per filtrare i dati relativi a quell'utente mentre egli sta usando il sito.

L'utilizzo delle tecniche di autenticazione è previsto normalmente dalla quasi totalità delle Web Application. A differenza di altri Web Framework, ad esempio Django per Python, Rails non offre un sistema di autenticazione completo e sufficientemente potente "out-of-the-box". È vero, altresì, che è molto semplice installare delle "gems" che suppliscono a questa mancanza, ad esempio 'devise'. Io sono però dell'idea che il sistema di autenticazione è un po' il cuore dell'applicazione e che spesso va pesantemente personalizzato. Questo motivo, unito alla relativa semplicità di implementazione, mi spinge a proporre un metodo di autenticazione totalmente custom, che andremo a costruire da zero.

A questo punto del libro si dovrebbe essere in grado di creare un minisito di esempio che contiene sia il modello dati utente sia la parte MVC del sito che la gestisce. Ma, si sa, *repetita juvant*.

L'obiettivo del nostro minisito è quello di permettere ad un utente non registrato di registrarsi, scegliendo un alias univoco e una password, e ad uno registrato di effettuare la login e utilizzare una parte del sito per soli utenti registrati. Le password non andranno direttamente scritte nel database, ma deve essere assicurato un metodo di riconoscimento delle *password* – che, come vedremo, viene realizzato attraverso l'uso di una tecnica che si chiama Message Digest.

Chiameremo il nostro minisito 'Autentico':

```
rails autentico
```

e inizializziamo i database di sviluppo e test con

```
rake db:create
```

Dovreste poter visualizzare la pagina di avvio standard di Rails sul sito:

```
http://0.0.0.0:3000
```

dando il comando

```
rails server
```

Adesso, come prima cosa dobbiamo generare il modello dati *utente*. Utilizziamo per farlo il generatore apposito:

```
rails g model User username:string password:string
```

questo genera lo scheletro della classe di modello dei dati che si chiama User, nel file

```
models/user.rb
```

unitamente a un file per la migrazione del db, che si chiamerà circa:

```
db/migrate/[TIMESTAMP]_create_users.rb
```

Come si vede, abbiamo dato i comandi per la creazione di una tabella con due campi: *username* e *password*.

Se andate a guardate sul database, noterete che i campi sono effettivamente cinque:

- *id*: identificatore univoco
- *username*: username
- *password*: password
- *created_at*: data di creazione del record

- *updated_at*: data di ultima modifica del record

Certamente a noi interesserà sapere quando un utente è stato creato e quando è stato modificato - ad esempio a causa di un cambio password. Prima di crearli esplicitamente, dobbiamo ricordarci però che Rails crea questi sempre questi campi su ogni tabella:

- *id*
- *created_at*
- *updated_at*

quindi non c'è bisogno di specificarli in fase di creazione. Come al solito, creaiamo la nuova tabella sul db con:

```
rake db:migrate
```

Dobbiamo ora verificare che il modello dati relativo agli Users venga validato correttamente. Per farlo editiamo il file che abbiamo appena creato sotto model, *user.rb*:

```
require 'digest'

VALID_EMAIL_REGEX = /\A[\w+\-.]+@[a-z\d\-.]+\.[a-z]+\z/i

class User < ActiveRecord::Base

  before_save do
    self.username = username.downcase
    self.password = User.get_hash(self.password)
  end

  validates_presence_of :username
  validates_presence_of :password
  validates_confirmation_of :password
  validates_uniqueness_of :username
  validates :username, length: { maximum: 255 },
            format: { with: VALID_EMAIL_REGEX }
```

```
def authenticate(password)
  User.password_verified?(password, self.password)
end

def User.get_hash(password)
  md5 = Digest::MD5.new
  md5.hexdigest password
end

def User.password_verified?(password_hash, password)
  User.get_hash password == password_hash
end

end
```

Abbiamo specificato in questo codice le regole di validazione per
l'utente:

1. Ogni record deve nesessariamente avere sia username, sia
   password (*validates_presence*)

2. Il campo email deve essere "confermato" prima di essere immesso, cioè l'utente lo deve re-immettere. Il campo di re-immissione è virtuale e non viene ovviamente salvato sul db, ma
   serve solo per assicurarsi che l'email non contenga errori di
   digitazione (*validates_confirmation*)

3. Il campo username deve essere unico e deve contenere una
   email valida - uso l'espressione regolare per le mail VA-
   LID_EMAIL_REGEX (*validates format*)

Per quanto riguarda la password, prima di salvarla sul database
la trasformiamo nel suo hash MD5. Questa è una tecnica standard che
impedisce di salvare le password sul database, in modo che non pos-

sano essere "rubate", ma mantiene la possibilità di verificarne l'esattezza, in pratica calcolando l'hash della password immessa e confrontandolo con il valore scritto sul database.

La magia avviene nello *hook*

```
before_save
```

di cui facciamo l'override a partire da ActiveRecord. In pratica trasformiamo i valori prima di salvarli sul DB: username lo mettiamo minuscolo e calcoliamo l'hash della password e lo salviamo al suo posto.

Esiste poi un metodo 'verified?' che mi permette di validare la password dell'utente calcolandone l'hash e confrontandolo col valore salvato sul db.

Per verificare il corretto comportamento potremmo, prima di scrivere un'interfaccia Web, utilizzare la console di Rails, che ci permette di invocare qualsiasi comando della nostra applicazione:

```
rails console -sandbox
```

Il parametro 'sandbox' specifica che ogni modifica che faremo sul database verrà ripristinata quando usciremo dalla console.

Proviamo a inserire un utente con una username sbagliata, cioè una username che non è una e-Mail valida:

```
utente_sbagliato = User.new(username: 'Pippo', password: 'pluto')
```

Utilizziamo il metodo valid per farci dire se la validazione è andata a buon fine:

```
utente_sbagliato.valid?
```

Questo comando restituisce:

```
User Exists (0.5ms) SELECT 1 AS one FROM `users` WHERE `users`.`username` =
BINARY 'Pippo' LIMIT 1
=> false
```

Per indagare i motivi della fallita validazione possiamo immettere il comando:

```
> utente_sbagliato.errors.full_messages
=> ["Username is invalid"]
```

A questo punto, invece, immettiamo un utente corretto, e salviamolo sul database per verificare che, invece che la password in chiaro, viene salvato l'hash in esadecimale della password, così come specificato nel metodo statico *get_hash* di User:

```
> utente_ok = User.new(username: 'pippo@pluto.com', password: 'segreto')
=> #<User id: nil, username: "pippo@pluto.com", password: "segreto", created_at:
nil, updated_at: nil>

> utente_ok.valid?
  User Exists (0.4ms) SELECT 1 AS one FROM `users` WHERE `users`.`username` =
BINARY 'pippo@pluto.com' LIMIT 1
=> true

> utente_ok.save()
  (0.2ms) SAVEPOINT active_record_1
  User Exists (0.4ms) SELECT 1 AS one FROM `users` WHERE `users`.`username` =
```

```
BINARY 'pippo@pluto.com' LIMIT 1
  SQL (0.2ms)  INSERT INTO `users` (`username`, `password`, `created_at`,
`updated_at`) VALUES ('pippo@pluto.com', '525d5d4f0cfb94d045c48971aa1aa974',
'2016-01-18 10:13:31', '2016-01-18 10:13:31')
  (0.1ms)  RELEASE SAVEPOINT active_record_1
=> true
```

Come vedete, nel campo 'password', non è stata salvata la password in chiaro dell'utente:

```
segreto
```

ma il suo hash MD5

```
525d5d4f0cfb94d045c48971aa1aa974
```

Questa prova ci convince della bontà del codice che abbiamo scritto. Per uscire dalla console digitiamo:

```
irb(main):014:0> exit
  (1.4ms)  ROLLBACK
```

E così abbiamo la conferma che i dati sul database sono stati cancellati.

2. Controller

Finita la parte M (model), passiamo alla parte C (controller), generando la parte di controller di User.

```
rails g controller users
```

e apriamo la classe che così abbiamo generato:

```
controllers/users_controller.rb
```

e la modifichiamo come segue:

```ruby
class UsersController < ApplicationController

  def login
    username = params[:username]
    password = params[:password]
    @user = User.authenticate(username, password)
    if @user
      render :show
    else
      @errors = true
      render :index
    end

  end

  def index

  end

  def show

  end

  def new
    @user = User.new
  end

  def create

    input_params = params.require(:user).permit(:username,
                                                :password,

:password_confirmation)
```

```
  @user = User.new(input_params)
  if @user.valid?
    @user.save()
    render :show
  else
    render :new
  end
end

end
```

Come ogni controller, anche per questo ogni metodo corrisponde ad una pagina HTML, la quale, attraverso il routing configurato in routes.rb, risponde ad un certo metodo HTTP. Ognuno di questi metodi ha associata una View per la visualizzazione della relativa interfaccia utente – ma di questo parliamo nel prossimo capitolo.

I metodi definiti sono:

- *login*:
  gestisce la login una volta che un utente si è registrato

- *index*:
  è la home page con la form di login

- *show*:
  è la pagina che viene mostrata a fronte di una login corretta

- *new*:
  è la pagina che mostra la form di registrazione

- *create*:
  è il metodo che prende in input i parametri specificati in 'new' e li usa per salvare un nuovo utente sul database.

Nel primo metodo, quando l'utente effettua l'http POST dalla form di login, viene richiamato il metodo "authenticate" della classe modello User, per validare la password dell'utente. Se l'operazione va a buon fine, l'utente è riportato alla pagina principale, altrimenti viene mostrato un errore.

Il secondo metodo è vuoto, perché la home page non ha bisogno di valorizzare variabili utente per essere visualizzata.

Nel terzo metodo, *show*, non scriviamo nulla, perché si presuppone che altri metodi valorizzino la variabile membro @user per capire di quale utente stiamo parlando.

Nel quarto metodo, *new*, ci limitiamo a creare un nuovo oggetto User, a cui assoceremo le variabili che l'utente immetterà nella form di registrazione al fine di salvare l'utente sul database.

Infine nell'ultimo metodo, *create*, che è un metodo invocato dalla form sulla View 'new' con metodo HTTP POST, validiamo gli attributi immessi e salviamo l'utente nel database. Per sicurezza, occorre esplicitare a Rails quali sono i parametri che riceveremo in input, cosa che facciamo usando il comando *params.require.permit*.

Questa è la nostra logica applicativa. Adesso occorre scrivere le interfacce utente che permettono di utilizzarla.

3. Routes

Finita la parte C (controller), passiamo ora alla parte V (view).

Come prima cosa, aggiungiamo al *router* la gestione delle risorse relative agli utenti. Nel file:

```
config/routes.rb
```

aggiungiamo

```
resources :users do
  member do
    post 'login'
  end
end
```

Alle route REST che vengono generate in automatico con "resources" è possibile aggiungere route che si riferiscono ad un membro delle risorse – nel nostro caso, la login per un utente – nel qual caso si usa la parola chiave 'member', oppure a tutta la collezione delle risorse, nel qual caso si usa la parola chiave 'collection'.

Le righe che abbiamo aggiunto generano automaticamente, oltre ad una route speciale per gestire il form post della *login*, le seguenti *routes*:

Comando HTTP	URL	Action	Route	Utilizzo
GET	/users	index	users_path	Elenco di tutti gli utenti
GET	/users/1	show	user_path(user)	Pagina di dettaglio del singolo utente (account)
GET	/users/new	new	new_user_path	Pagina di creazione nuovo utente (sign up)

POST	/users	create	users_path	Invio dei parametri per la creazione di un nuovo utente
GET	/users/1 /edit	edit	edit_user_path(user)	Pagina di modifica dei dettagli del singolo utente (edit account)
PATCH	/users/1	update	user_path(user)	Aggiornamento dei dati dell'utente
DELETE	/users/1	destroy	user_path(user)	Cancellazione dell'utente

Questi comandi rappresentano la "convenzione" di gestione di una risorsa – nel nostro caso, i dati dell'utente – secondo il protocollo REST. Ci aspettiamo che, se un'applicazione è scritta secondo le convenzioni "REST", si possono modificare i suoi dati accedendo ai metodi http e alle Url della tabella sopra.

Tale impostazione non genera necessariamente un buco di sicurezza. Se è vero che un utente maligno che voglia inserire o modificare dati nel database di un'applicazione può cercare di utilizzare dei metodi REST standard, nella pratica, il controller che gestisce i dati in entrata utilizzerà metodi per evitare di rispondere a richieste che provengono da siti non autorizzati – sfruttando anche le tecniche anti-Cross Site Request Forgery – e che sia formattata in un certo modo, ad esempio prevedendo un campo aggiuntivo che prevede che ad ogni richiesta sia presente un token formattato secondo alcune regole specifiche del sito, che se non esiste o se contiene dati che non ci si aspetta, produce un errore e non esegue il comando richiesto.

Genereriamo a questo punto il template HTML del nostro mini-sito, modificando

```
app/views/layouts/application.html.erb
```

per aggiungere una mini-navigazione:

```
<!DOCTYPE html>
<html>
<head>
  <title>Autentico Minisito</title>
  <%= stylesheet_link_tag    'application', media: 'all', 'data-
turbolinks-track' => true %>
  <%= JavaScript_include_tag 'application', 'data-turbolinks-
track' => true %>
  <%= csrf_meta_tags %>
</head>
<body>

<nav>
  <b>Autentico Minisito</b> -
  <a href="#">Sign-In</a>   - <a href="#">Sign-Up</a>
  <hr>
</nav>

<%= yield %>

</body>
</html>
```

---

4. View Login

Ora creiamo la pagina di login. Prendiamo anche l'occasione per generare due *asset*: il primo, un foglio di stile in SASS, e il secondo, un codice Coffeescript. Quello che vorremmo ottenere è che, se uno effettua una login errata, gli verrà visualizzato un errore con un certo stile – ad esempio in rosso. Poi vorremmo che il messaggio di errore, quando l'utente prova ad inserire nuovamente le sue credenziali a seguito dell'errore, questo magicamente sparisse.

È fuori dagli scopi di questo libro insegnare SASS o Coffeescript, ma sono due strumenti che servono nella pratica di sviluppo. Il primo è un linguaggio che compilato genera fogli di stile (CSS), e il secondo è un linguaggio che compilato genera JavaScript che viene incorporato nella pagina che sta per essere visualizzata. In entrambi casi è possibile associare stili e codici JavaScript al controller in uso.

Si tratta di una peculiarità di Rails ben nota, quella di usare gli strumenti ritenuti migliori dalla comunità di sviluppatori, e in particolare SASS per i fogli di stili e CoffeeScript per il codice lato client. La prima necessità deriva dal fatto che CSS è un linguaggio molto poco potente che ha due grandi limiti: il primo è quello che non supporta le variabili, e il secondo che non supporta i costrutti innestati – laddove invece, nella definizione di uno stile spesso vorremmo poter usare variabili – ad esempio per definire un font o un colore, e gli innesti – per dire che questo stile si applica a questi tag e a tutti i tag che si trovano al suo interno. La seconda necessità deriva dal fatto che JavaScript è un linguaggio che facilmente può diventare poco manutenibile; in particolare non supporta l'Object Oriented e ha uno scarso controllo sui contesti delle variabili, per cui è molto facile ritrovarsi con variabili globali, oppure con variabili che esistono con lo stesso nome in contesti di codice diversi: CoffeeScript supera molto bene entrambi questi problemi, ed ha una sintassi che ricorda da vicino Ruby.

Per tornare a noi, per creare uno stile per il messaggio di errore metteremi nel file:

```
assets/stylesheets/users.scss
```

questo codice:

```
.error {
  font-weight: bold;
  color: red;
}
```

e per generare il JavaScript che si occupa di nascondere il messaggio di errore quando l'utente prova e re-inserire la sua username, metteremo nel file

assets/JavaScripts/users.coffee

questo script CoffeeScript:

```
$ ->
  $('#username').focus ->
    $('#errorspot').hide()
    return
  return
```

In sostanza il codice di cui sopra, che utilizza la libreria JQuery che è inglobata di default in ogni pagina Rails, specifica che quando il tag "username" ottiene il focus, il tag "errorspot" deve essere nascosto.

Questi due codici vengono compilati tutte le volte che facciamo ripartire il server Rails, e automaticamente messi nelle pagine HTML governate dal nostro controller "Users".

Adesso siamo pronti a scrivere il template per effettuare la login:

```
<h3>
  BENVENUTO AL MINISITO AUTENTICO
</h3>

<%= form_tag action: 'login', method: 'post' do %>
```

```
<%= label_tag :username, 'Username:' %>
<%= text_field_tag :username %>

<%= label_tag :password, 'Password:' %>
<%= password_field_tag :password %>

<%= submit_tag('Login') %>
<% end %>

<div><br>
  <%= link_to 'Registrati come nuovo utente', action: 'new' %>
</div>

<% if @errors %>
  <p>
    <div id="errorspot" class="error">Nome utente o password
sbagliati. Riprovare.</div>
  </p>
<% end %>
```

Abbiamo in questo modo creato la *form* per la login, con una basica gestione degli errori di *username* e *password*. Come avete notato, qualsiasi tipo di errore viene gestito in interfaccia nello stesso modo: cioè visualizzando un messaggio generico di "username o password sbagliati". Per i nostri scopi, per ora, ciò è più che sufficiente.

Normalmente un sito con autenticazione non risponde dicendo che la username è sbagliata oppure che la password è sbagliata, ma utilizzando la canonica risposta: "Username e/o password sbagliate". Perché questo comportamento, visto che sarebbe molto semplice capire se è la username oppure la password ad essere sbagliata? Si tratta di un'impostazione di sicurezza. Se infatti il sistema ritornasse: "L'utente esiste, ma la password è sbagliata", darebbe un'informazione preziosa a chi sta cercando di penetrare nel sistema: quell'utente esiste, devi solo cercare una password diversa. È perciò buona norma non indicare nulla circa l'esistenza o meno di un'utenza di sistema se chi cerca di accedere ha fornito credenziali sbagliate.

Al momento, siccome non abbiamo una form di registrazione possiamo solo testare una login errata. Oppure possiamo creare un'utenza nuova con la console, come visto in precedenza.

È dunque giunto il momento di creare una form per la registrazione.

5. View Registration

Quali sono gli step che regolano la registrazione di un nuovo
utente? Lo abbiamo visto nella classe *UsersController*. Ripetiamo la
logica:

1. L'utente sta visualizzando la pagina di registrazione, che è
    controllata dal metodo di UsersController 'new'

2. L'utente fa POST della form nella pagina "new"

3. Rails invoca il metodo "create" della classe UserController –
    ciò accade per convenzione. Quando effettuiamo una submit
    di una form_for @user, viene invocato il metodo 'create' del
    controller di @user. Se avessimo voluto avremmo potuto
    specificare un metodo diverso, ma quando è possibile è me-
    glio usare le convenzioni. Ricordate? Convention over confi-
    guration. La pagina che mostra la form per la creazione di un
    oggetto è per convenzione *new*, mentre il metodo *post* che
    questa form deve richiamare è per convenzione *create* – si
    veda a proposito la tabella dei comandi di routing associati
    alla risorsa users che abbiamo mostrato nel capitolo "Auten-
    ticazione – Routes"

4. I campi che sono passati al metodo hanno i nomi che abbiamo
    specificato nel file *new.html.erb*, cioè ad esempio username e
    password

5. Il valore di questi campi è associato alle variabili *:username*, *:password* e *:password_confirmation*. Ancora, per convenzione, il valore dei campi che devono essere confrontati per ripetizione (ricordate la regola di validazione validates_confirmation di user.rb?), deve chiamarsi con il nome del campo da confrontate più '_confirmation'.

6. I campi compilati sono inviati al metodo 'create' che li usa, attraverso le regole di validazione presenti nel file modello user.rb, per creare un nuovo record utente.

Questo comportamento è del tutto generalizzabile, e rappresenta il modo di default per gestire l'input da form web.

Ecco come può essere implementato il template per l'esposizione della form nella pagina *new.html.erb*:

```
<h3>
  REGISTRATI AL MINISITO AUTENTICO
</h3>

<%= form_for @user do |f| %>

  <p>
  <%= f.label :username, 'Username:' %>
  <%= f.text_field :username %>
  </p>

  <p>
  <%= f.label :password, 'Password:' %>
  <%= f.password_field :password %>
  </p>

  <p>
  <%= f.label :password_confirmation, 'Ripeti Password:' %>
  <%= f.password_field :password_confirmation %>
  </p>

  <p>
  <%= f.submit('Registrati') %>
```

```
    </p>

<% end %>

<% if @user.errors.any? %>
    <div id="errorspot" class="error">

        <ul>
        <% @user.errors.full_messages.each do |error_msg| %>
          <li><%= error_msg %></li>
        <% end %>
        </ul>

    </div>
<% end %>
```

Come si vede, se la variabile membro @user che abbiamo usato per creare l'utente contiene degli errori, la pagina li mostra perché, se ricordate, il controller nel caso di validazione corretta passa il controllo al metodo 'create', altrimenti mostra nuovamente la view 'new', ma che questa volta avrà associati degli errori.

Possiamo testare a questo punto il layout della pagina visualizzandolo in un browser alla URL:

```
http://localhost:3000/
```

Provate a fare dei tentativi errati, omettendo la password, ripetendola sbagliata oppure mettendo una username che non è una e-mail: come vedete Rails gestisce per noi tutti gli errori, in modo automatico.

6. Oggetti di sessione

Il protocollo HTTP che gestisce il Web come lo conosciamo oggi è un protocollo *stateless*, cioè che non memorizza stati. Tuttavia è importante, a volte, poter "ricordare" alcuni dati dati durante la navigazione da una pagina all'altra. Ad esempio, nel nostro caso, le informazioni di login che permettono di dare all'utente una particolare "vista" personalizzata sui dati.

Per risolvere la questione, sono state inventate le variabili di sessione. Queste normalmente sono mantenute in memoria nel Web Server o salvate su un database o ancora salvate sulla macchina dell'utente attraverso un cookie. Quando un utente si collega ad un sito per la prima volta gli viene associata una "sessione" - normalmente un numero random molto grande associato all'IP del chiamante, e questa viene mantenuta per tutta la navigazione dell'utente sul sito, e rinfrescata ad ogni nuova richiesta. Dopo un certo time-out, la sessione scade.

Le variabili di sessione sono un qualunque tipo di variabile associata all'utente che in questo momento sta navigando il sito. Il primo utilizzo delle variabili di sessione riguardano l'identificativo dell'utente connesso.

Ad una sessione si possono associare quante "variabili" si vogliono, queste accompagneranno l'utente durante tutta la sua navigazione. Possiamo dunque pensare che, una volta verificata la password dell'utente, la sua login venga memorizzata in una variabile di sessione per tutta la durata della navigazione. Per farlo, dobbiamo però abilitare la gestione delle sessioni in Rails. Si tratta di poche modifiche ai file di configurazione.

Intanto apriamo il file

```
config/initializers/session_store.rb
```

e assicuriamoci che la seguente linea sia presente e non commentata:

```
Rails.application.config.session_store :cookie_store, key: '_Autentico_session'
```

Questa linea ci dice che intendiamo utilizzare le variabili di sessione e che queste vengono implementate attraverso il salvataggio di cookie sulla macchina dell'utente, con password = '_Autentico_session'.

Possiamo modificare la tecnica di gestione dei cookie usando:

- *database_store*:
  I cookie vengono salvati sul db
- *active_record_store*:
  I cookie vengono salvati nella memoria del server

Per gli scopi di questo libro, i cookie sono la strategia di più semplice implementazione e non hanno praticamente controindicazioni.

...tranne che per la funesta 'cookie_law' in vigore nell'Unione Europea che ci costringe a dichiarare che il nostro sito fa uso di cookie. Nel caso, ricordatevi di mettere un avviso sulla vostra home page, e di salvare sul DB se l'utente ha dato oppure no il consenso all'uso dei cookie.

Ora, se un utente si connette, la sua sessione potrà creata e salvata attraverso l'uso dell'oggetto

L'oggetto di sessione è un array che contiene i valori della sessione per ciascun utente loggato. Quindi se la mia login è Alessio, ad esempio, le mie variabili di sessione sono mantenute dall'oggetto 'session'.

Ad esempio, per salvare una stringa con il nome di 'numero_x' useremo:

```
session[:numero_x] = 382390
```

e per richiamare una variabile da una sessione:

```
numero_x = session[:numero_x]
```

Possiamo adesso gestire la login, in modo tale che, se un utente è correttamente loggato, scompaia la maschera di login dalla Home-Page e appaia al suo posto una label di identificazione.

Similmente possiamo effettuare il logout dal sito.

Entrambe le operazioni prevedono l'uso di variabili di sessione: nel primo caso mettiamo in sessione l'oggetto @user con il nome di :user, e nel secondo annulliamo la variabile :user salvata in sessione.

Implementiamo la gestione della sessione utente modificando il controller UsersController:

```
class UsersController < ApplicationController

  def logout
    reset_session
    render :index
  end

  def login
    username = params[:username]
    password = params[:password]
    @user = User.authenticate(username, password)
```

```
if @user
  session[:user] = @user
  render :show
else
  @errors = true
  render :index
end


end
```

e ricordiamoci di modificare il routing aggiungendo una route per effettuare il logout in *config/routes.rb*

```
resources :users do
  member do
    post 'login'
    get 'logout'
  end
end
```

La prima modifica che può essere interessante è fare è quella di cambiare la parte di navigazione in alto comune a tutte le pagine del sito: se l'utente non è loggato, gli si può chiedere di registrarsi, altrimenti gli si dà la possibilità di effettuare un logout.

Modifichiamo perciò la pagina di layout *views/layouts/application.html.erb*:

```
...

<nav>
  <b>Autentico Minisito</b> -
  <%= link_to 'Home', controller: 'users', action: 'index' %>
    -
  <% unless session[:user] %>
```

```
    <%= link_to 'Registrati', controller: 'users', action: 'new'
%>
  <% else %>
      <%= link_to 'Logout', controller: 'users', action: 'logout'
%>
  <% end %>
  <hr>

...
```

Come potete notare, "unless" ci permette di distinguere tra un utente in sessione e uno no.

Poi, se l'utente è loggato, non mostreremo la form di login in Home Page, cosa che facciamo modificando *index.html.erb*:

```
<h3>
  BENVENUTO AL MINISITO AUTENTICO
</h3>

<% unless session[:user] %>

  <%= form_tag action: 'login', method: 'post' do %>

      <%= label_tag :username, 'Username:' %>
      <%= text_field_tag :username %>

      <%= label_tag :password, 'Password:' %>
      <%= password_field_tag :password %>

      <%= submit_tag('Login') %>

  <% end %>

  <div><br>
    <%= link_to 'Registrati come nuovo utente', action: 'new' %>
  </div>

  <% if @errors %>
      <p>
        <div id="errorspot" class="error">Nome utente o password
sbagliati. Riprovare.</div>
      </p>
```

```
    <% end %>
<% else %>
    Questa &egrave; l'Home Page, <%= session[:user]['username'] %>
<% end %>
```

Come potete notare, quando salviamo un oggetto in sessione, questo viene salvato come un dizionario (Hash) e i suoi metodi vengono
recuperati come si recuperano i valori da un dizionario chiave-valore:

```
Hash['chiave']
```

Adesso possiamo testare l'applicazione e verificare che il meccanismo delle sessioni funzioni a dovere.

Esercizi

1. Aggiornare l'applicazione "Biblioteca" in modo che sia gestita l'autenticazione e che in particolare l'utente in sessione possa vedere i libri che ha preso in prestito.

2. Aggiornare i controller di "Biblioteca", *book* e di *category*, in modo che soltanto un utente loggato possa inserire nuovi libri e nuove categorie.

3. [SFIDA]. Aggiungere un campo alla tabella "Users" in modo tale che si possa associare agli utenti di "Biblioteca" determinate *permission*. Fare in modo che solo certi utenti con le corrette permissions possano inserire nuove categorie. Tutti gli altri utenti, invece, devono poter inserire solo libri.

TUTORIAL: CREARE UN GUESTBOOK

1. Saliamo sulle rotaie!

A conclusione del percorso cominciato con questo libro, mi piace-
rebbe raccogliere le varie nozioni che abbiamo descritto per costruire insieme una piccola applicazione "reale" in Rails. L'applicazione sarà un "guestbook" web-based, cioè una raccolta di commenti
e piccoli messaggi che utenti registrati possono lasciare su un sito
Web.

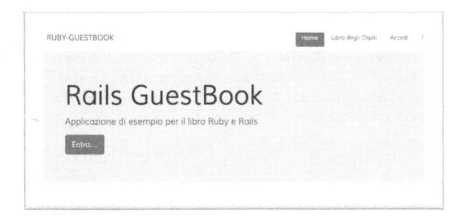

In particolare, la nostra applicazione avrà queste caratteristiche:

- Mostra un elenco di messaggi, ciascuno con un titolo e una "firma" opzionale. La firma è l'indirizzo e-Mail dell'autore.
- Un utente può inserire un messaggio senza effettuare la login, nel qual caso il messaggio è "anonimo"
- Un utente può registrarsi e scrivere messaggi a suo nome, usando il suo indirizzo e-Mail come chiave di riconoscimento.
- Un utente può cancellare e modificare i suoi messaggi.

Cominciamo naturalmente col creare l'applicazione Rails. A differenza delle altre applicazioni Rails che abbiamo visto sin qui, adotteremo per questa il database MySQL. Per questo la macchina di sviluppo dovrà avere un server MySQL installato e funzionante. Per le istruzioni si veda il sito per sviluppatori MySQL:

```
http://dev.mysql.com
```

Dopo aver installato MySQL ed esserci assicurati di avere un'installazione di Ruby con Rails funzionante, possiamo cominciare a creare l'infrastruttura di base della Web Application, che chiameremo *rubyguestbook*:

```
rails -d mysql rubyguestbook
```

2. Configurazione delle dipendenze

Ogni applicazione Web moderna si basa sull'utilizzo di un esteso numero di librerie, normalmente disponibili con licenze Open Source, o in alcuni casi a pagamento. È infatti inutile, nonché potenzialmente dannoso, inventare ogni volta soluzioni nuove per problemi ricorrenti.

Soprattutto, faremo ricorso a librerie esterne per gestire questo tipo di funzionalità richieste:

- *Responsiveness*: l'applicazione deve essere fruibile su smartphone, table e PC
- *ClipArt grafiche*: useremo clip art vettoriali grafiche standard per dare al sito insieme una grafica non banale e un'usabilità migliorata dall'uso delle icone.

Per le funzionalità *responsive* useremo la libreria Boostrap:

```
http://getbootstrap.com/
```

Mentre per le icone ci affideremo a *FontAwesome*:

```
http://fontawesome.io/
```

Fortunatamente le dipendenze non vengono gestite manualmente in Rails, ma esiste un gestore di dipendenze automatico che, sulla base di un file che descrive le dipendenze – sotto forma di nome della libreria e versione minima – e che, se non sono installate, le cerca su Internet e le installa per noi.

Il sistema che gestisce le dipendenze, lo abbiamo già incontrato nel Capitolo sui Fondamenti, è Gem. Il file che gestisce le dipendenze del nostro progetto Rails è

```
/Gemfile
```

Per esplicitare che la nostra applicazione ha bisogno di Bootstrap e FontAwesome dovremo aggiungere al file queste righe:

```
gem 'font-awesome-rails'
gem 'bootstrap-sass'
gem 'autoprefixer-rails'
```

Ricordiamoci anche di inserire la dipendenza con il driver per *MySql*. Alla fine il nostro *gemfile* dovrà essere così:

```
source 'https://rubygems.org'

gem 'rails', '4.2.5'
gem 'mysql2', '>= 0.3.13', '< 0.5'
gem 'sass-rails', '~> 5.0'
gem 'uglifier', '>= 1.3.0'
gem 'coffee-rails', '~> 4.1.0'
gem 'jquery-rails'
gem 'turbolinks'
gem 'tzinfo-data'
gem 'jbuilder', '~> 2.0'
gem 'sdoc', '~> 0.4.0', group: :doc

# Font Awesome
gem 'font-awesome-rails'

# Bootstrap
gem 'bootstrap-sass'
gem 'autoprefixer-rails'

group :development, :test do
  gem 'byebug'
end
```

```
group :development do
  gem 'web-console', '~> 2.0'
  gem 'spring'
end
Per installare le gem mancanti diamo il comando:
bundle install
```

Infine, non dimentichiamo di impostare la username e la password dell'amministratore del database MySQL nel file

```
/config/database.yml
```

E di creare fisicamente i database di sviluppo e test con:

```
rake db:create
```

3. Impostazione del layout grafico

Come già detto, non ci soffermiamo molto sull'impostazione grafica della nostra applicazione, cosa che meriterebbe un libro a parte, e che comunque consiglio di approfondire.

Per i nostri scopi ci basta dire che vogliamo adottare un layout responsive e che per farlo usiamo Bootstrap.

Ecco dunque come dovrà apparire il template grafico principale:

```
/views/layouts/applications.html.erb
```

Per far funzionare Bootstrap occorre includere i suoi CSS e i suoi JavaScript nella nostra applicazione. Siccome abbiamo incluso la versione SASS di Bootstrap, dobbiamo convertire

```
/app/assets/stylesheets/application.css
```

Rinominando il file in

```
/app/assets/stylesheets/application.css.scss
```

In questo modo, invochiamo il compilatore SASS per la creazione dei CSS. A questo file ora aggiungiamo le righe

```
@import "bootstrap-sprockets";
@import "bootstrap";
@import "font-awesome";
```

Infine, aggiungiamo i JavaScript di Bootstrap in

```
/app/assets/JavaScripts/application.js
```

Modificando in (attenzione all'ordine che è importante):

```
//= require jquery
//= require jquery_ujs
//= require bootstrap
//= require turbolinks
//= require_tree .
```

Siamo ora pronti per usare Bootstrap nelle pagine HTML del sito.

Aggiungiamo ora almeno due pagine "statiche". Queste pagine sono pagine che non hanno una significativa logica di business dietro, ma hanno solamente un template HTML e del testo. Queste pagine sono tipicamente la Home Page e la pagina di About.

Procediamo a crearle come se si trattasse di due pagine normali, quindi dotate di controller, che chiameremo Static

```
rails g controller Static home about
```

Appunto perché statici, i metodi all'interno del controller devono rimanere vuoti. Invece procediamo con i template HTML.

4. Templating per le view

Prima di tutto impostiamo un navigatore. Questo è un controllo, che nel nostro caso mettiamo in alto a destra, che permette di muoversi da una parte all'altra del sito. Siccome per definizione un navigatore è una parte che si ripete tale e quale su ogni pagina, ben si presta ad essere implementato con un "partial". Un "partial" è un pezzo di codice *.html.erb* che viene inserito nelle pagine con la parola chiave:

```
<%= render [directory/nome-del-partial] %>
```

Di fatto un partial è un template come un altro, solo che è costruito per essere "immesso" in altri template.

Creiamo dunque un file nella directory "layouts" e chiamiamolo

```
_navbar.html.erb
```

I partial, per regola, devono avere un nome che comincia con un underscore (_)

Il nostro navigatore ha la caratteristica di utilizzare una classe specifica di Bootstrap ('active') per indicare la pagina visualizzata. Possiamo chiedere a Rails il nome del metodo del controller che viene attualmente renderizzato, e a seconda di questo, aggiungere o togliere lo stile 'active':

```
<div class="container topspacer">
  <ul class="nav nav-pills pull-right">

    <!-- HOME -->
    <% if params[:action] == 'home' %>
        <li role="presentation" class="active"><a href="/">
        Home
        </a></li>
    <% else %>
        <li role="presentation"><a href="/">Home</a></li>
    <% end %>

    <!-- MESSAGGI -->
    <li role="presentation"><a
href="/entry/list">Messaggi</a></li>

    <!-- LOGIN -->
    <% if params[:action] == 'login' %>
    <li role="presentation" class="active"><a
href="/users/login">Accedi</a></li>
```

```
<% else %>
<li role="presentation"><a href="/users/login">Accedi</a></li>
<% end %>


<!-- ABOUT -->
<% if params[:action] == 'about' %>
<li role="presentation" class="active"><a
href="/static/about">?</a></li>
<% else %>
    <li role="presentation"><a href="/static/about">?</a></li>
<% end %>

</ul>
</div>
<div class="topspacer"></div>
```

Fatto ciò, ogni pagina potrà richiamare la nav bar senza doverla ripetere ogni volta.

La Home Page potrà avere un template tipo questo – notate la particolare formattazione dello stile (le classi 'jumbotron', oppure 'button') che dipende dal fatto che usiamo Bootstrap.

```
<%= render 'layouts/navbar' %>

<div class="jumbotron">
    <h1>Rails GuestBook</h1>
    <p>Applicazione di esempio per il libro Ruby e Rails</p>
    <p><a class="btn btn-primary btn-lg" href="/users/new"
role="button">Registrati</a></p>
    <small><i>...oppure <a
href="/users/login">accedi</a>.</i></small>
  </div>
</div>
```

che andremo a salvare in:

```
/static/home.html.erb
```

Similmente nella pagina "About" (?):

```
<%= render 'layouts/navbar' %>

<div class="content">
  <h1>About</h1>
  <p>Applicazione di esempio per il libro Ruby e Rails</p>
</div>
</div>
```

in

```
/static/about.html.erb
```

Prima di proseguire con la parte grafica, ci concentriamo ora sulla creazione delle entità e delle relazioni con cui organizzeremo i nostri dati.

5. Configurazione del modello dati

La nostra applicazione gestirà fondamentalmente due modelli dati: la prima, "*Entries*" conterrà i messaggi del guestbook, mentre la seconda "*Users*", conterrà gli utenti e le loro generalità.

Costruiamo dunque gli scheletri dei modelli. Cominciamo da *Users,* copiando quanto già fatto nel capitolo sull'Autenticazione:

```
rails g model User username:string password:string
```

Quindi generiamo il modello del messaggio da postare, Entry:

```
rails g model Entry message:string title:string
```

Aggiungiamo ora i controlli di validazione sui modelli: per quanto riguarda Users, sono quelli già viste nel capitolo Autenticazione e Sessioni, e vanno messe nel file *app/models/user.rb*:

```ruby
require 'digest'

VALID_EMAIL_REGEX = /\A[\w+\-.]+@[a-z\d\-.]+\.[a-z]+\z/i

class User < ActiveRecord::Base

  has_many :entries

  before_save do
    self.username = username.downcase
    self.password = User.get_hash(self.password)
  end

  validates_presence_of :username
  validates_presence_of :password
  validates_confirmation_of :password

  validates :username, length: { maximum: 255 },
            format: { with: VALID_EMAIL_REGEX },
            uniqueness: true

  def User.authenticate(user)
    password_digest = User.get_hash(user['password'])
    User.find_by(username: user['username'], password:
password_digest)
  end

  def User.get_hash(password)
    md5 = Digest::MD5.new
    md5.hexdigest password
  end
```

```
def User.password_verified?(password_hash, password)
  User.get_hash password == password_hash
end

end
```

Analogamente, sul file *entry.rb*:

```
class Entry < ActiveRecord::Base
    belongs_to :user
    validates_presence_of :message
end
```

Notate che adesso abbiamo impostato una relazione uno a molti tra User e Entry. Infatti in *user.rb* abbiamo scritto:

```
has_many :entries
```

e in *entry.rb*

```
belongs_to :user
```

Questo definisce la relazione tra le due entità. Sebbene non strettamente necessario – possiamo lasciare infatti che la relazione sia gestita solamente a livello software, possiamo esprimere il collegamento tra utente e messaggio anche nel database aggiungendo una colonna User_id alla tabella Entries, per esplicitare che un messaggio "appartiene" ad un utente. Generiamo perciò la migrazione seguente:

```
class FkUserArticles < ActiveRecord::Migration
  def change
    add_reference :entries, :user, index: true
  end
```

```
end
```

Che verrà scritta sul DB con il comando:

```
rake db:migrate
```

Adesso ci occupiamo della creazione della parte di View e Controller.

6. Controller utenti

Nella fase di implementazione dei controller definiremo la gestione degli utenti – login e registrazione - e cosa accade quando l'utente interagisce coi messaggi. Cominciamo con la parte Utente.

Supponiamo di cominciare a dare questo comando:

```
rails g controller User
```

Potremmo accorgerci che avremmo voluto generare automaticamente anche i metodi relativi agli utenti, quelli classici che abbiamo già visto: *new*, *create*, *delete* eccetera.

Il comando che abbiamo appena dato crea un controller vuoto e un folder per le view di Utente. Avremmo invece preferito aver già a disposizione i file su cui andare a lavorare. Inoltre ci siamo accorti di avere sbagliato la convenzione linguisticasui plurali, che è la seguente:

- Modello: singolare – esempio: User

- Controller: plurale – esempio: Users

Nessun problema: è sempre possibile eseguire un rollback delle azioni generate da un comando di generazione Rails, con il comando destroy. Nel nostro caso diamo:

```
rails destroy controller User
```

e a questo punto diamo il comando giusto:

```
rails g controller users index login show new create list
```

Come ricorderete la relazione tra *controller* e *views* è molto stretta: nel controller generiamo i metodi che verranno chiamati dalle varie view. Allora usiamo la sintassi:

```
rails g controller [tabella] [metodi...]
```

Notate che questo comando, oltre a generare i metodi nel controller e le view in *html.erb* per ciascun metodo, ha anche aggiunto le routes relative nel file *routes.rb*.

L'implementazione del controller degli utenti segue da vicino quanto già visto in "Autenticazione e Sessioni":

```
class UsersController < ApplicationController

  def login

    if params[:user]
      @user = User.authenticate(params[:user])
      if @user
        redirect_to controller: 'entries', action: 'index'
      else
        @errors = true
```

```ruby
      @user = User.new
      render :login
    end
  else
    @user = User.new
  end

end

def index
end

def show
  @user = User.find(id=params[:id])
end

def new
  @user = User.new
end

def create
  user_data = params.require(:user).permit(:username, :password,
:password_confirmation)
  @user = User.new(user_data)
  if @user.valid?
    @user.save()
    redirect_to action: 'show', id: @user.id
  else
    render :new
  end
end

def list
end

end
```

In Rails, come del resto in altri Web Framework moderni, non esiste una distinzione netta tra i metodi HTTP delle richieste al Web Server. Ad esempio, nel nostro caso, il controller Users, usa il metodo Login sia per rispondere ad una richiesta

```
HTTP GET /users/login
```

sia ad una

```
HTTP POST /users/login
```

Per come abbiamo strutturato il sito, la pagina che contiene la form per effettuare la login verrà visualizzata con l'HTTP GET e i campi che contengono i dati di username e password della form verranno passati al server attraverso una HTTP POST. Ma in ciascuno dei due casi, il metodo invocato sul controller UsersController è il medesimo: login! Ecco perché l'implementazione è fatta in questo modo: se i parametri passati nella form post contengono una chiave "user", allora vuol dire che quella richiesta contiene i dati di username e password della form, altrimenti significa che dobbiamo mostrare la form per inserirli.

7. Routes

Siamo ora in grado di definire le regole di routing nel solito file di configurazione:

```
/config/routes.rb
```

che saranno queste:

```
Rails.application.routes.draw do

  root 'static#home'
```

```
# Users
resources :users do
  collection do
    get 'login'
    post 'login'
  end

  member do
    post 'logout'
  end
end

# Entries
resources :entries do

end

# Static
get 'static/home'
get 'static/about'

end
```

Relativamente alla login e alla logout ci sono due considerazioni importanti da fare. Mentre

```
resources :users
```

crea le route di default per gli utenti (cioè: new, list, create ecc.), dobbiamo decidere noi come gestire login e logout.

Per capire se dobbiamo aggiungerli come "member" o come "collection", dobbiamo capire come verranno invocati sulla URL.

Infatti, se dovessero essere invocati come "member", i relativi comandi di invocazione sarebbero:

```
HTTP GET /users/[id utente]/login
```

```
HTTP POST /users/[id utente]/login

HTTP POST /users/[id utente]/logout
```

Non esiste "HTTP GET logout" per il semplice motivo che non esiste una pagina per dare il comando di logout, ma esiste solamente un metodo del controller per recepire l'avvenuto comando – che starà da qualche parte su ciascuna pagina, ad esempio nella navbar.

Invece, se invocati come "collection", sarebbero:

```
HTTP GET  /users/login
HTTP POST /users/login
HTTP POST /users/logout
```

Nel caso di GET login, la scelta è facile: si tratta di un comando da dare alla collection: perché non so ancora quale utente si sta loggando (il suo ID): lo saprò solamente dopo che si è loggato. Quindi quello è certamente un metodo da aggiungere come collection.

Nel caso di POST login, verrebbe da dire che si tratti di un comando da dare al member: infatti, dopo che l'utente ha riempito la form con username e password noi saremmo in grado di sapere chi è. Ma non è questo il nostro caso. Primo perché subito dopo aver riempito la form e subito prima di andare sul server, in ogni caso noi non possiamo conoscere l'ID dell'utente – perché per farlo dovremmo andare sul database, mentre siamo ancora sul client. Secondo, perché non è detto che l'utente sia un utente registrato: potrebbe essere un utente sconosciuto o qualcuno che ha sbagliato la password. Perciò anche la POST login deve essere effettuata sulla collection e non sul member di users, cioè richiamata con

```
HTTP POST /users/login
```

Nel caso di POST logout, invece, si tratta di un comando da effettuare sul member di Users: infatti, se un utente vuol fare logout, dovrà specificare il suo ID, che è sicuramente conosciuto: perché se un utente vuol fare logout, vuol dire che ha già fatto login e il suo ID è noto – e con ogni probabilità sarà una delle informazioni presenti in sessione. Ecco perché in questo caso va bene:

```
HTTP POST /users/[id utente]/logout
```

Per capire quali sono le routes attive daremo il comando:

```
rake routes
```

8. Viste di registrazione e login

Avendo definito il modello (Model) e la logica di business (Controller) degli utenti, possiamo approntare le relative View.

Di fatto a noi interessa soprattutto la view di Login e la view di Registrazione. Partiamo da quest'ultima, che salveremo in

```
/app/views/users/new.html.erb
```

Se ricordate, infatti, il metodo per presentare la form di inserimento nuovo utente risponde al comando

```
HTTP GET /users/new
```

mentre, una volta raccolti i dati, questi verranno spediti con:

```
HTTP POST /users/create
```

Ecco il template – opportunamente formattato con Bootstrap:

```erb
<%= render 'layouts/navbar' %>

<div class="container">

  <h3>
    Registrazione al GuestBook
  </h3>

  <div class="row"><div class="col-md-5">
  <div class="panel panel-default">
    <div class="panel-body">
      <%= form_for @user do |f| %>

          <div class="row">
            <div class="col-md-4"><%= f.label :username,
'Username:' %></div>
            <div class="col-md-6"><%= f.text_field :username
%></div>
          </div>

          <div class="row">
            <div class="col-md-4"><%= f.label :password,
'Password:' %></div>
            <div class="col-md-6"><%= f.password_field :password
%></div>
          </div>

          <div class="row">
            <div class="col-md-4"><%= f.label
:password_confirmation, 'Ripeti Password:' %></div>
            <div class="col-md-6"><%= f.password_field
:password_confirmation %></div>
          </div>
```

```
        <div class="row">
          <div class="col-md-10"> </div>
        </div>

        <div class="row">
          <div class="col-md-10"><%= f.submit('Registrati') %>
           
          <%= link_to 'Accedi', controller: 'users', action:
'login' %>
          </div>
        </div>

      <% end %>
    </div>
  </div></div></div>

  <% if @user.errors.any? %>

    <div class="row">
      <div class="col-md-8">
        <div class="alert alert-danger" role="alert">
          <ul>
            <% @user.errors.full_messages.each do |error_msg| %>
              <li><%= error_msg %></li>
            <% end %>
          </ul>
        </div>
      </div>
    </div>
  <% end %>

</div>
```

Come specificato nel metodo 'create' del Controller Users, se la registrazione non dovesse andare a buon fine verrebbe renderizzato nuovamente questo template, ma questa volta con le informazioni di errore nella variabile *@user.errors*.

Per quanto riguarda la pagina di login, questo potrebbe essere il template:

```
<%= render 'layouts/navbar' %>
```

```
<div class="container">

  <h3>
    Login al GuestBook
  </h3>

  <div class="row">
    <div class="col-md-5">
      <div class="panel panel-default">
        <div class="panel-body">

          <%= form_for @user, url: {action: 'login'} do |f| %>

              <div class="row">
                <div class="col-md-4"><%= f.label :username,
'Username:' %></div>
                <div class="col-md-8"><%= f.text_field :username
%></div>
              </div>

              <div class="row">
                <div class="col-md-4"><%= f.label :password,
'Password:' %></div>
                <div class="col-md-8"><%= f.password_field
:password %></div>
              </div>

              <div class="row">
                <div class="col-md-12"> </div>
              </div>

              <div class="row">
                <div class="col-md-12"><%= f.submit('Login') %>
                </div>
              </div>

          <% end %>
        </div>
      </div>
    </div>
  </div>

  <% if @errors %>

      <div class="row">
        <div class="col-md-8">
```

```
        <div class="alert alert-danger" role="alert">
          Username o password sbagliati. Riprovare.
        </div>
      </div>
    </div>
  <% end %>

</div>
```

9. Controller messaggi

Passiamo ora all'implementazione della logica dei messaggi, nella quale definiremo cosa accade quando l'utente salva un nuovo messaggio, lo visualizza, oppure lo modifica.

Cominciamo quindi col creare il controller di Entries:

```
rails g controller entries index show create edit delete new
```

Concentriamoci per ora sui metodi che vanno in sola lettura: *index* e *show*. Il primo fa vedere tutti i messaggi, il secondo ne fa vedere solo uno. La loro implementazione sarà molto semplice, in *app/controllers/entry_controller.rb*:

```
def index
    @entries = Entry.all
end

def show
    @entry = Entry.find(:params[:id])
end
```

Notate intanto i plurali: *Entry.all* ritorna un array di *Entries*, quindi è plurale. Nel caso di *show* noi chiamiamo *find* con in input un numero identificato – cioè il parametro denominato *id*: quello che succede è che viene ritornata una singola entry, quindi la voce è al singolare.

Quando l'utente chiederà una vista dei messaggi - essendo un Guestbook questa vista sarà anche la home page del sito - dovremo mostrare una tabella con i messaggi sul database, in *app/views/index.html.erb*

```erb
<% if @entries.blank? %>

  <p>
   Al momento non ci sono messaggi nel GuestBook.
  </p>

<% else %>

  <table class="table table-striped">

    <th width="20%"> </th>
    <th width="30%">Autore</th>
    <th width="45%">Messaggio</th>

    <% @entries.each do |msg| %>

       <tr>
        <td>
          <%= msg.created_at.to_formatted_s(:it_datetime)
%>
        </td>
        <td>
          <% if msg.user.nil? %>
             Utente Anonimo
          <% else %>
             <%= msg.user.username %>
          <% end %>
        </td>
        <td>
          <strong><%= link_to msg.title, { action: 'show',
id: msg } %></strong>
```

```
            <br>
            <textarea cols="60" rows="4"
readonly="readonly"><%= msg.message %>
            </textarea>
          </td>
        </tr>

      <% end %>

    </table>

  <% end %>
```

Notate che se la tabella delle Entry è vuota, verrà mostrata una pagina con un messaggio all'utente, e non un errore. Una tabella vuota – che non sia una tabella di configurazione – non è mai un errore o un'eccezione: il caso va sempre gestito.

A questo punto, prima di vedere all'opera la nostra applicazione, mettiamo anche una pagina per la creazione di un nuovo messaggio. Come prima cosa dobbiamo modificare il controller in

```
app/controllers/entries_controller.rb
```

in modo da inserire le azioni necessarie per "new" e "create"

```
    def create
        user_data = params.require(:entry).permit(:title,
:message)
        @entry = Entry.new(user_data)
        if @entry.valid?
            user = User.find_by_id(session[:current_user_id])
            @entry.user = user unless user.nil?
            @entry.save()
            redirect_to action: 'index'
        else
            render :new
```

```
        end
    end

    def new
        @entry = Entry.new
    end
```

La prima ci dice in sostanza che se l'utente richiede l'azione "new" dobbiamo mostrare la view "new", la seconda dice che, se riceviamo un'azione "create" (un form post con *action=/entry/create*) andiamo a salvare il messaggio ricevuto. Il metodo "save" è in realtà un booleano che significa: "se il salvataggio su DB è andato a buon fine."

Notate il pattern che ho usato per la gestione degli errori. Il suo funzionamento è sottile e merita un approfondimento. Se i parametri in entrata sono validi io effettuo un *redirect* al metodo list, altrimenti eseguo un *rendering* del metodo *new*. Perché non ho fatto un redirect a *new*? Oppure, perché dopo il salvataggio, non ho fatto un rendering di *list*? Qual è la differenza tra i due?

La differenza consiste nel fatto che redirect implica una navigazione "nuova" nella pagina, perciò è come comandare al browser di mandare una richiesta

```
HTTP GET /entries/list
```

il che implica, lato server, una creazione di una nuova istanza del controller – il che azzera tutte le variabili membro del controller.

Perciò, se avessimo fatto un redirect a new in caso di errori, ci saremmo persi le informazioni relative agli errori, che sono salvate nell'oggetto *@entry*.

Invece, facendo un render invece, è come aver detto al controller di eseguire il metodo associato al rendering, nel nostro caso a 'new', ma senza costruire un nuovo controller, e utilizzando l'istanza del controller in uso.

Dopo aver inserito qualche messaggio di prova, la home page della nostra applicazione si presenterà così:

10.   Impostazione dei formati

La prima cosa che salta all'occhio nella pagina che mostra i messaggi è il formato anglosassone della data. Modificarlo è molto semplice. In prima istanza potremmo pensare di usare la funzione "strftime" per formattare ogni data nel codice, tuttavia è molto probabile che la nostra applicazione farà uso di un singolo formato data, così ha senso modificare l'*environment* per avere un unico formato data corretto per tutta l'applicazione.

Dobbiamo aggiungere un nuovo file:

```
/config/initializers/time_formats.rb
```

in cui mettiamo il seguente codice:

```
Time::DATE_FORMATS[:it_datetime] = "%d-%m-%Y %H:%M:%S"
```

Dopo averlo fatto è necessario far ripartire il Web Server. Ma prima avremo modificato il file

```
app/views/entries/index.html.erb
```

nella parte:

```
[...]
        <td>
          <%= msg.created_at.to_formatted_s(:it_datetime) %>
        </td>
[...]
```

11.   Gestione della sessione

In linea di massima, vorremmo che la nostra applicazione si comportasse così:

- Se l'utente *non è registrato*:

    o   Non può effettuare la login
    o   Può leggere i messaggi sul guestbook
    o   Può scrivere nuovi messaggi come "Anonimo"
    o   Può registrarsi al sito, scegliendo l'apposito link

- Se l'utente *è registrato*:

    o   Può loggarsi
    o   Può leggere i messaggi sul guestbook
    o   Se è loggato, può scrivere nuovi messaggi a suo nome
    o   Se un messaggio sul guestbook gli appartiene, può modificarlo
    o   Può effettuare il log-out

Tutto questo lo facciamo attraverso la gestione della sessione utente.

Esiste in Rails un punto dove mettere il codice che può essere usato da ogni *view* o *controller* dell'applicazione, un file che si chiama

```
app/helpers/application_helper.rb
```

In generale, gli *helpers* sono collettori di codice da utilizzare in più parti dell'applicazione. Qua dentro andiamo a mettere una semplice funzione booleana:

```
def is_logged_in?
    return true if session[:user]
    return false
```

343

```
end
```

che ci permetterà di implementare alcuni dei vincoli che abbiamo esplicitato all'inizio del paragrafo sei.

L'utente non registrato può scrivere un messaggio come anonimo, ma non può cancellarlo. Viceversa, se è autenticato potrà cancellare i suoi messaggi. Per implementare questo vincolo, modificheremo la View *index.html.erb* di *entries* in questo modo:

```erb
<% if @entries.blank? %>

    <p>
      Al momento non ci sono messaggi nel GuestBook.
    </p>

<% else %>

    <table class="table table-striped">

      <th width="20%"> </th>
      <th width="30%">Autore</th>
      <th width="45%">Messaggio</th>
      <% if is_logged_in? %>
      <th width="5%"> </th>
      <% end %>

      <% @entries.each do |msg| %>
          [...]

            <% unless msg.user.nil? %>
              <% if is_logged_in? and
session[:current_user_id] == msg.user.id  %>
                <td>
                  <div>
                    <%= link_to msg, method: :delete, :data =>
                        {:confirm => 'Sei sicuro di voler
cancellare il messaggio?'} do %>
                        <%= fa_icon 'remove' %>
                    <% end %>
                  </div>
                </td>
```

```
        <% end %>
      <% end %>
    </tr>

  <% end %>

  </table>

<% end %>
```

Ora modifichiamo il controller delle *entry* aggiungendo il metodo per cancellare una *entry*:

```
def destroy
    @entry = Entry.find(id=params[:id])
    @entry.destroy!
    redirect_to action: 'index'
end
```

Questo metodo viene chiamato dalla route

```
DELETE /entries/:id(.:format)        entries#destroy
```

che viene richiamato con link_to in questo modo:

```
<%= link_to msg, method: :delete %>
```

Le form HTML, nella maggior parte dei browser e nella maggior parte delle implementazioni e delle versioni, supportano solo due metodi HTTP: GET e POST. Quindi non è possibile scrivere nativamente in

HTML (nemmeno in HTML5!) una form con metodo "delete", nono-stante il protocollo HTTP preveda l'esistenza del verbo delete. Quindi non si può scrivere:

```
<form action="." method="delete">
```

Perciò Rails implementa il metodo HTTP DELETE come un parametro aggiuntivo sulla chiamata GET, il che vuol dire che il metodo DE-LETE viene implementato come un metodo GET che ha un parametro finale delete:

```
HTTP GET /entries/5?method=delete
```

12. Modifica dei messaggi

Infine, dobbiamo gestire la parte di modifica del messaggio. Vale a dire: se l'utente è loggato e vede un suo messaggio sul guestbook, può modificarlo, oltre che cancellarlo.

Come abbiamo visto, si tratta di associare un controllo (ad esempio un pulsantino con l'icona di editing) che punti al metodo *edit* presente nel controller di Entry.

Il metodo di *edit* messaggio deve richiamare una pagina "edit" assai simile a "new" e popolarla con i contenuti del record che si vuole modificare, poi richiamare il metodo "update" che effettua i cambiamenti se l'utente preme "Modifica". Pertanto l'operazione di modifica avrà due metodi associati: "edit" per mostrare la form di modifica e "update" per effettuare la modifica su dati presenti sul DB.

Andiamo quindi a modificare il file *controllers/entry_controller.rb* aggiungendo o modificando questi metodi:

```ruby
def edit
   @entry = Entry.find(params[:id])
end

def update
   @entry = Entry.find(params[:id])
   user_data = params.require(:entry).permit(:title, :message)
   if @entry.update_attributes(user_data)
      redirect_to :action => 'index'
   else
      render :action => 'edit'
   end
end
```

Di questo codice vorrei segnalarvi due cose: la prima è che l'operazione di update si chiama "*update_attributes*" e prende come parametro il record selezionato. Esiste anche, per la cronaca, un "*update_attribute*" per effettuare l'update di un singolo campo.

347

Per la modifica del messaggio, creiamo un file *views/entry/edit.html.erb*

```erb
<%= render 'layouts/navbar' %>

<div class="container">

  <h3>
    Modifica la tua firma sul libro
  </h3>

  <div class="row">
    <div class="col-md-8">
      <div class="panel panel-default">
        <div class="panel-body">
          <%= form_for @entry, url: { action: 'update'} do |f| %>

            <div class="row">
              <div class="col-md-4"><%= f.label :title,
'Titolo:' %></div>
              <div class="col-md-6"><%= f.text_field :title,
value: @entry.title %></div>
            </div>

            <div class="row">
              <div class="col-md-4"><%= f.label :message,
'Messaggio:' %></div>
              <div class="col-md-6"><%= f.text_area :message,
value: @entry.message %></div>
            </div>

            <div class="row">
              <div class="col-md-10"> </div>
            </div>

            <div class="row">
              <div class="col-md-10"><%= f.submit 'Modifica',
class: 'btn btn-danger' %>
              </div>

          <% end %>
          </div>
        </div>
      </div>
    </div>
  </div>
```

```
<% if @entry.errors.any? %>

    <div class="row">
      <div class="col-md-8">
        <div class="alert alert-danger" role="alert">
          <ul>
            <% @entry.errors.full_messages.each do |error_msg|
%>
                <li><%= error_msg %></li>
            <% end %>
          </ul>
        </div>
      </div>
    </div>

    <% end %>

  </div>
</div>
```

Questo file è quasi del tutto identico a *new.html.erb*: all'inizio dello sviluppo di un'applicazione, molte parti di un sito sono per forza di cose parecchio simili. Tuttavia, quando l'applicazione cresce ed evolve le varie parti si differenziano, a volte in modi imprevedibili a priori.

Siamo a questo punto pronti per modificare nuovamente la *home page* del nostro sito, in modo che l'utente in sessione se ha suoi messaggi pubblicati può o rimuoverli o modificarli. Modifichiamo la colonna a fianco del messaggio come segue:

```
<% if not msg.user.nil? %>
                 <% if is_logged_in? and
session[:current_user_id] == msg.user.id  %>
              <td>
                <div>
                  <%= link_to msg, method: :delete, :data =>
```

```
                              {:confirm => 'Sei sicuro di voler
cancellare il messaggio?'} do %>
                         <%= fa_icon 'remove' %>
                    <% end %>
               </div>
               <div>
                   <%= link_to msg, action: 'edit' do %>
                        <%= fa_icon 'edit' %>
                   <% end %>
               </div>
           </td>
        <% end %>
     <% end %>
```

13. Conclusioni

Bene. A questo punto la nostra applicazione può dirsi finita, o meglio: possiamo dire di aver implementato la maggior parte dei requisiti. In contesti reali, occorrerebbe darla pasto ai maghi degli stili HTML per farne qualcosa di presentabile. Ricordo che gli *stylesheet* vanno messi sotto "public", mentre i *template* principali vanno sotto *views/layouts*. Oltre a questo, sarebbe necessario rivedere il codice per ottimizzarlo, renderlo più robusto, ad esempio gestendo le eccezioni e i casi di errore più comuni, e anche più efficace e manutenibile. Comunque, per quanto riguarda gli scopi di questo libro, direi che il nostro cammino può terminare qui.

Esercizi

1. Aggiungere alla tabella *Users* una colonna di tipo booleano "Amministratore". Modificare l'applicazione in modo tale per cui, se l'utente è Amministratore, può cancellare e modificare qualunque messaggio.

2. Aggiungere una pagina di amministrazione del sito in cui vengano elencati gli utenti. Da questa pagina si deve poter impedire la login a determinati utenti, o determinati IP.

3. [SFIDA] Scaricare da Internet le gif (anche animate) di alcuni smileys. Nella pagina di inserimento del testo mostrarli in alto, in modo che l'utente, cliccando su uno di questi, possa inserirli nel suo messaggio. Analogamente, dare la possibilità all'utente di inserire elementari tag HTML come bold, italics o i link.

Alessio Saltarin

 Alessio Saltarin è nato a Milano nel 1970. È laureato in Ingegneria Gestionale con una tesi sulle basi di dati distribuite in Internet e l'e-commerce. Ha lavorato per due anni in *DocFlow Italia*, dove si è occupato di sistemi documentali. Dopo due anni di esperienza in una delle più aggressive media factory della new economy, *yond_*, ha lavorato per la divisione Internet e e-commerce di *Vodafone*. Dal 2008 è IBM Certified Software Architect e The Open Group Master Certified Architect. Si occupa di progettazione e sviluppo di soluzioni software per l'impresa. Ha scritto su alcune riviste del settore, come Computer Programming, Login, Visual Basic Journal, Dev e Mokabyte, prima che l'editoria informatica divenisse un ricordo.